조선 왕들, 금주령을 내리다

조선왕조실록으로
들여다보는
조선의 술 문화

정구선 지음

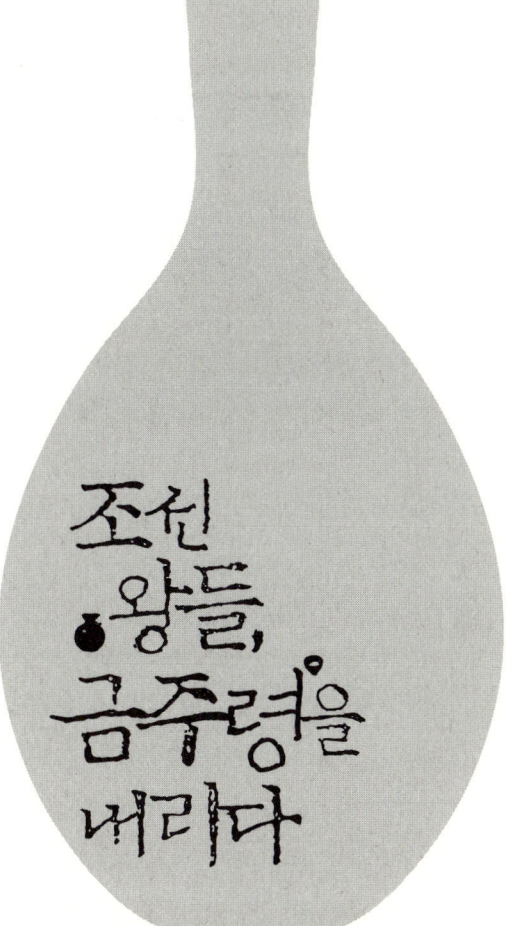

조선 왕들,
금주령을
내리다

팬덤북스

머리말

조선왕조실록으로 들여다보는
조선의 술 문화

    술은 만악의 근원이다. 오늘날 우리 사회에서 일어나고 있는 폭행, 강도, 살인 등 강력 사건의 대부분은 술이 주요 원인이라고 한다. 이 책은 조선 시대를 살다 간 선조들의 음주 실태를 살펴봄으로써 현대인들에게 술의 해악에 대한 경종을 울리기 위해 준비했다. 기본 자료는 《조선왕조실록》이며 모두 2부로 구성되어 있다. 제1부는 조선의 국왕과 술의 관계를, 제2부는 조선 시대 대표적 주당들의 행태와 술의 폐해를 살펴보았다.

    1부의 내용을 요약하면 다음과 같다.

    조선 시대에는 대궐에서 아침에 열리는 조회를 마치고 나면 국왕이 수고한 신하들에게 술을 내려 위로의 자리를 마련하곤 하였다. 국왕은 신하들만이 아니라 백성들은 물론, 심지어 죄수들에게 술을 하사하기도 했다. 이처럼 술을 내려 주는 것은 국왕의 중요한 통치 행위의 하나였다. 술과 정치는 불가분의 관계였던 것이다.

조선 왕조의 역대 왕들 중 술을 좋아한 호주가를 꼽는다면 태종, 세조, 영조를 들 수 있다. 그들은 술을 자주 마시다 보니 자연히 주량도 강했다. 그중 최고의 호주가로는 단연 영조를 들 수 있다. 영조는 술을 멀리하라는 신하들의 끈질긴 간청에 시달려야 했고, 그럴 때 마다 술을 마시지 않았다거나 조금만 마셨다고 둘러대며 난처한 처지를 모면했다.

아무래도 즉위 이전이나 재위 중 어려운 일을 많이 겪는 왕들이 대체로 술을 좋아했던 것으로 보인다. 태종은 왕자의 난 등을 통해 골육상잔의 아픔을 겪었고, 세조는 계유정난으로 조카를 몰아냈다. 영조는 무수리의 아들로서 왕위에 오르는 데 많은 고초를 겪었고, 재위 중에도 소론이 일으킨 무신란 등의 변란과 치열한 당쟁을 치러야 했다. 임금의 주량은 당대의 정국 동향과 밀접한 관계가 있었다고 할 것이다.

반면에 비교적 순탄한 재위 기간을 보낸 세종, 성종, 효종은 술을 별로 좋아하지 않았고, 그만큼 주량도 약했다. 효종은 세자 시절에 술을 끊어 재위 중에는 음주를 하지 않았다고 알려져 있다.

조선의 역대 왕들 중 술을 가장 싫어했던 왕은 아마 세종일 것이다. 그는 본래 주량이 약하여 술을 좋아하지 않았다. 그럼에도 부왕인 태종과 신하들이 술을 강권하는 바람에 거절하느라 큰 곤욕을 치른 적이 한두 번이 아니었다. 세종이 술을 못해서 신하들의 애를 태웠다면, 영조는 반대로 술을 너무 많이 마셔서 신하들의 두통거리가 되었다.

조선 시대에 술은 바로 약이요, 음식이었다. 당시 사람들은 몸이 아프거나 허약할 때 약으로 술을 마시거나, 약을 먹을 때 술을 함께 마셨다. 술은 곧 약주藥酒요, 음주는 복약服藥, 즉 약을 복용하는 것으로 인식되었다. 당시에 자주 쓰인 주식酒食이라는 말도 술이 일종의 음식으로 여겨졌음을 보여 준다. 술과 약, 술과 밥은 결코 떨어질 수 없는 사이였다. 약식동원藥食同源이라는 말처럼 주식동원酒食同源이자 주약동원酒藥同源이었다.

조선인들에게 술은 몸이 좋지 않을 때 기운을 북돋우기 위해 먹는 약이요, 약을 먹을 때도 반드시 같이 마셔야 하는 일종의 음식이었다. 술은 오곡의 정기가 들어 있으므로 적당하게만 마시면 참으로 좋은 약이었다. 그리하여 신하들은 임금이 매일매일 술을 마시지 않으면 몸을 상할까 염려하여 술을 드시라고 강권하였다. 술을 즐기는 임금들에게는 괜찮았겠지만, 세종처럼 술을 싫어한 임금에게는 그야말로 고역이었다. 그러다 보니 세종과 신하들 사이에는 음주를 두고 자주 실랑이가 벌어지곤 하였다.

조선 시대에는 위로는 고위 관료들로부터 아래로는 백성들에 이르기까지 술을 마시는 풍조가 널리 퍼져 있었다. 술 마시기를 좋아하고 즐기는 것을 당시 사람들은 술을 숭상한다는 의미의 숭음이라고까지 일컬었다. 숭음 풍조는 건국 직후부터 나타나 나라의 큰 문제가 되었다. 당시에는 손님들을 자기 집에 초대하여 잔치를 베푸는 경우가 많았다. 이때 참석하는 사람들은 각기 술과 안주를 싸 가서 나누어 먹기도 하였다. 지금과는 사뭇 다른 음주 풍습이었다.

조선 중기에 이르면 숭음 풍조가 더욱 확산되어 신분이나 지역을 막론하고 음주가 거의 생활화되었다. 조선 후기에는 한양 도성 안에 큰 술집이 골목에 꽉 차고 작은 술집이 처마를 잇대어 있었다. 온 나라 사람들이 마치 미친 듯이 오로지 음주만 일삼고 있다는 개탄이 나올 정도였다.

음주로 업무에 태만한 관리들이 늘어나 조정에 큰 부담을 주기도 했다. 조선 시대에는 새로 부임하는 관원을 위한 환영연이나 같이 근무하던 동료가 떠날 때 여는 전별연이 널리 행해졌는데, 과도한 음주 등의 폐단이 많이 생기자 금지하기도 하였다.

조정에서는 관료와 백성들의 과도한 음주를 막기 위하여 금주령을 시행하였다. 그러나 금주령의 적용을 받지 않는 예외 조항이 매우 많아 제대로 시행하기가 어려웠다. 우선 임금이 베푸는 연회, 종묘 등에서의 국가 제사, 외국 사신 접대 때는 예외적으로 금주령의 적용을 받지 않도록 했다. 나라에서 꼭 필요한 일에 사용하는 술은 금주와 관계없이 항상 필수적으로 준비되어야만 했다. 늙고 병들어서 약으로 먹는 경우, 친지를 영접하고 환송하는 경우, 과거 합격자의 유가遊街 시에도 예외적으로 술을 허용하였다. 집안의 혼인, 장례, 제사, 환갑 등의 행사에도 술을 사용할 수 있도록 하였다.

나라에서는 수시로 금주령을 내려서 술을 마시는 자와 술 빚는 자들을 엄히 단속하고자 했다. 금주령을 어겨 체포되거나 처벌을 받는 자들은 대부분 힘없는 백성들뿐이었다. 현장에서 집행하는 하급 관리들은 고위 관료들과 권세가들은 건드리지 못하거나 눈 감아 주고 일반 백성들만 엄하게 단속하였다. 단속을 기화로 뇌물을 챙기는 일도 있었다.

술을 마시지 못하게 하는 금주령을 내리면서 사람들이 술병을 들고 밖에 돌아다니지 못하게 하는 조치를 병행하기도 했다. 집에서 마시는 술은 단속이 어렵자 대신 밖에서 술병을 가지고 다니며 마시는 것을 막아 보려는 궁여지책이었다. 물론 혼인, 장례, 제사 때와 노병老病에 약으로 마시거나 활쏘기를 할 때는 술병을 지니는 것이 허용되었다.

금주령은 초기부터 시행되었으나 솔선수범해야 할 관료와 양반들이 잘 지키지 않는 등의 이유로 만족스러운 성과를 거두기는 애초부터 어려운 일이었다. 금주령이 뜻대로 되지 않자 조선 후기에는 위반자를 처형하기도 하고, 단지 술에 만취하여 주정하는 짓만을 금지하는 선으로 후퇴한 조치를 취하기도 하였으나, 역시 소기의 성과를 거두지는 못했다.

금주가 제대로 이루어지지 않아 각종 폐해가 잇따르자 임금들은 계주교서戒酒敎書 등을 내려 술의 폐해를 지적하면서 지나친 음주를 훈계하고 경계하였다. 조선 초기에는 세종이 가장 적극적으로 술을 경계하였고, 선조와 영조 등의 왕들도 음주를 삼가라는 교서를 잇달아 반포하였다. 임금들에 의하면 술은 재물을 허비하고, 인성을 파괴할 뿐만 아니라, 심지어 생명을 잃게 하고, 가정과 나라를 멸망시키는 원흉이었다. 특히 영조는 술이 사람을 미치게 하고 착한 사람을 악한 사람으로 만들어 각종 범죄에 빠져들게 하는 광약狂藥이라고까지 하면서 술을 함부로 마시지 말고 절주하라고 당부하였다.

제2부에서는 조선의 주당들에 대하여 애주가, 취중 실수, 과음, 주폭, 술주정, 벌주 풍습 등의 순으로 알아보았다.

1장에서는 먼저 술 때문에 요절한 왕자들에 대하여 살폈다. 태조 이성계의 맏아들인 이방우, 세종의 서자인 이관·이공·이증 등 이 술로 인해 일찍 죽은 왕자들이다.

세종 때 이조 판서를 지낸 허지, 병조 참판 등을 역임한 우승범, 세조 시절 좌의정이었던 이사철은 술이 무척 센 두주불사의 관료들이었다. 세조의 공신인 홍달손도 술을 매우 좋아한 대신이었다. 특히 예문관 대제학을 지낸 윤회는 세종이 술을 자제하라고 여러 번 당부하였으나 끝내 술을 끊지 못하였다. 조선 개국 직후 태조의 우대를 받았던 재상인 홍영통은 태조의 탄신일 잔치에 참석했다가 만취하여 집에 돌아가는 길에 말에서 떨어져 그만 사망하고 말았다. 인조반정 직후 소현 세자와 봉림대군을 청나라 수도 심양으로 모셨던 한형길은 소주가 싱겁다며 독한 산초를 타서 먹은 것으로 알려져 있다.

임금을 가장 가까이에서 모시는 내시 중에도 다른 일반 관리들처럼 술을 좋아하는 사람들이 많았다. 그들 중에는 임금이 명한 일을 제대로 수행하지는 않고 술만 퍼마시는 바람에 임금의 노여움을 산 내시들도 있었다.

2장에서는 술 때문에 저질렀던 관료들의 취중 실수를 다루었다. 세조의 즉위에 결정적인 공을 세워 정난공신과 좌익공신에 봉해지고 절대적인 신임을 받아 영의정까지 오른 정인지는 술이 약하다는 결정적인 약점을 지니고 있었다. 그는 술을 마시고 정치 생명을 위태롭게 할 정도의 치명적인 실수를 자주 했다. 심지어 임금을 '너'라고 부른 적도 있었다. 세조 8년에는 영의정 정창손이 어전에서 술을 마시고 실수하여 임금이 선위하겠다는 폭탄선언을 하기도 하였다.

조선 초기의 대표적 무장인 어유소도 취중 실수를 했다고 전해진다. 성종 7년 성균관에서 열린 석전제 후 음복을 하고 취해 궁궐에서 보낸 궁녀를 희롱하면서 술을 따르도록 하였다고 한다. 사헌부에서 처벌을 주청하였으나, 임금은 큰 공을 세운 사람이 취중에 한 일이라면서 특별히 용서하여 주었다.

세조 때 예조 정랑 우계번이 술을 마시고 취하여 양반 부인을 모욕한 일도 있었다. 사헌부 관리인 이예가 술이 취하여 무엄하게도 어탑, 즉 임금이 앉는 평상으로 올라가 금성대군 이유 등에 대한 처벌을 주장하는 등 술주정을 하기도 했다. 세조는 그를 처벌하지 않음으로써 술에 관대한 임금으로서의 면모를 다시 한 번 보여 주었다.

임금이 베푸는 연회에서 노래하고 춤추며 악기를 연주하는 기생을 희롱하는 짓은 임금에 대한 불경에 해당하는 일이었다. 만취한 신하들에 의해 심심치 않게 그런 일이 발생하곤 했다. 오늘날 술에 취한 장관이 청와대에 들어가 대통령을 뵙는 일은 도저히 있을 수 없겠지만, 조선 후기에는 감히 술 냄새를 풍기며 대궐에 들어가 임금을 알현하는 간 큰 신하들이 종종 있었다. 조선 중기의 문신으로 야담집인 《어우야담》의 저자인 유몽인은 술을 마신 후 죄인을 심문하는 국청에서 시를 지었다가 큰 곤욕을 치르기도 했다.

3장은 술로 인해 사형에 처해지거나 그런 위기를 당했던 사람들에 대한 이야기다. 술김에 임금을 비방했다가 참형에 처해질 뻔했던 태조 때의 안동 부사 이전, 역시 태조 때 정승 조준을 저주했다가 참형을 당한 사헌부 감찰 김부가 그런 사람들이다. 세종 때는 별시위의 군사들이 의정부의 행랑에 모여 술을 마셨다가 반역으로 몰려 사형 위기에 닥쳤다 살아난 적도 있다. 같은 시기에는 유명한 장님 점쟁이였던 지화가 술김에 왕이 부탁한 점을 거절했다가 불경죄에 걸려 귀양을 가기도 했다.

  마지막으로 4장~8장의 주요 내용이다.

  술을 적당히 마시면 약이 되지만, 지나치면 독이 된다. 조선의 국왕들을 신하들이나 백성들이 과음하지 않도록 당부하곤 하였다. 과음으로 죽거나 몸을 망치는 공신들이 많아지자 세조는 공신들은 과음을 자제하라는 특별 지시를 내리기도 했다.

  조선 시대에는 지방의 수령이 임기가 끝나거나 교체되어 떠나면 인근 고을의 수령들이 작별을 아쉬워하면서 전별연을 베풀어 주는 것이 관례였다. 이때 강권하는 술을 받아 마시는 바람에 목숨을 잃은 수령들이 많았다.

  술을 과음하다 보면 필연적으로 몸과 마음이 병들게 마련이고, 이로 인해 목숨을 잃게 되기도 한다. 조선 시대에도 마찬가지여서 술 때문에 병이 나서 죽거나 직위에서 물러난 사람들이 많았다. 세종 때의 이조 판서 홍여방이 동료 판서들과 함께 술을 마시다가 과음하여 이튿날 갑자기 죽고 말았다. 조선 후기에는 효종 때의 병조 판서 박서가 연일 과음하다가 급사한 일도 있었다.

  개국 직후에 공신으로서 오랜 기간 도승지로 재임한 박석명은 술병이 들어 36세에 요절하였다. 명재상 하윤의 아들인 하구도 술병이 걸려 37세에 죽었으며, 성종 때에 홍문관 부제학을 지낸 최경지도 술병으로 어느 날 갑자기 사망하였다.

  술을 마시고 폭력이나 협박 등의 행패를 부려 남들에게 피해를 주는 '주폭'이 요즈음 사회 문제로 떠오르고 있는데, 조선 시대에도 주폭이라고 할 만한 사람들이 있었다. 건국 직후에 안말건이 술에 취하여 거리에서 사람들의 재물을 약탈하고 말리는 사람을 구타하였다. 그는 곤장을 맞고 수군으로 강제 편입되었다. 자기 할머니의 상중에 풍악을 울리며 술을 마시고 남의 집에 들어가 행패를 부린 최선, 최굉 형제 같은 사람들도 있었다.

성종 때는 그야말로 주폭 삼형제라고 할 이들이 나타나 갖은 행패를 부렸다. 평양에 살던 생원 김하, 김거, 김석 삼 형제가 바로 그들이다. 그들은 함께 이모의 집에서 술을 마시며 이웃집의 여종을 불러다가 술을 따르게 하고 노래를 시키며 희롱하였다. 이것도 모자라 자신들을 제지하고 항의하는 여종의 남편을 심하게 때렸고, 남편의 여동생도 구타하여 업고 있던 아이를 죽게 만들기까지 하였다. 사헌부에서는 김거를 주범으로 보아 교수형에, 김하와 김석은 거든 자라 하여 곤장 1백 대에 해당한다고 결정하였으나, 이미 모두 도망쳐 처벌하지는 못했다. 그러자 영구히 과거를 보지 못하게 하는 처분을 내렸다.

임금에 의지하여 방자하고 무엄하게 행동하며 술을 마시고 행패를 부린 종친들도 많았다. 숙종 때의 이운, 이혼 등이 그런 부류의 사람들이었다.

술과 불가분의 관계에 있는 것이 또한 술주정, 즉 주사이다. 술에 만취하면 술주정이 나오기 마련이다. 옛 사람들도 지금처럼 술주정을 경계하였으나 근절하기는 어려웠다. 술주정 때문에 파직을 당한 관리들도 많이 나타났다. 숙종 때는 술주정이 심한 양아들을 때려서 죽이는 비극적인 사건이 발생하기도 했다.

조선 초기에는 조선으로 귀화하거나 귀순한 여진인, 즉 야인들을 위무하기 위해 재물을 넉넉하게 주는 경우가 많았다. 그래선지 밤낮으로 모여 술을 마시고 술주정을 하는 야인들이 많았다. 여진인만이 아니라 조선에 오는 일본인들도 술을 많이 마시고 술주정을 하는 폐해를 끼쳐 물의를 일으키기도 했다.

조선 시대에는 무언가 잘못을 하면 벌로 술을 억지로 마시게 하는 벌주 풍습이 널리 행해졌다. 왕실에서도 널리 행해져서 태조가 태종에게 벌주를 내린 적도 있고, 세조가 어떤 일을 자책하며 스스로 벌주를 마시려고 한 일도 있다. 세조는 신하들에게도 벌주를 자주 내린 것으로 알려져 있다. 연산군 8년에는 대사례를 마치고 벌주를 받아 마시던 최응현이 침을 뱉았다가 불경으로 몰려 임금을 격노하게 하기도 했다.

조선 전기에는 새로 임명된 육조의 정랑과 좌랑에게 선임자들이 자질구레한 일들을 모두 맡겼다가, 조금이라도 잘못하면 술을 큰 잔으로 두세 잔 마시게 하는 벌주 풍습이 있었다. 이때 옷이 흠뻑 젖어도 사양할 수 없었는데, 기어이 사양하면 배척하여 동렬에 끼어 주지 않았다. 조광조와 함께 대표적인 사림파인 김식은 벌주를 무척 싫어한 인물이었다. 그는 중종 12년 6월 형조 좌랑에 제수되었을 때에 벌주를 마시지 않는다는 이유로 동료들에게 따돌림을 당한 일이 있다. 급기야는 그를 다른 관서로 보내 달라고 주청하여 결국 호조 좌랑으로 전임되어야 했다.

술을 좋아한 주당들에 대해 알아보았지만, 사실 술을 싫어하고 멀리한 사람들도 많이 있었다. 개국 직후 태조의 우대를 받았던 신하 중 한 명이었던 조운흘은 세상일에 아무런 욕심 없이 초연하게 살다 간 사람이다. 고려 말에 전법총랑으로 있다가 관직을 버리고 물러나 경상도 상주의 노음산 아래에 살면서 일부러 미친 척하기도 하였고, 출입할 때는 반드시 소를 타고 다녔다. 그러면서 술과 풍악을 멀리하고 세속을 희롱하며 고고하게 살았다.

단종 때의 재상 최부는 사람됨이 편안하고 조용하며 맑아서 음주와 장기, 바둑을 좋아하지 않았다. 같은 시기에 예문관 대제학이었던 윤형은 성격이 온순하고 인정이 많았으며, 음악과 여색을 즐기지 않았다. 특히 사람들이 가진 술을 보면 반드시 "이름을 더럽히고 일을 망치는 것으로 술보다 심한 것이 없다."면서 음주를 경계하였다.

세조 때 의정부 좌참찬을 지낸 박중손은 스스로 계주명戒酒銘을 지어서 자신을 경계하기도 하였다. 세조 6년에 중추원사로 있다가 죽은 기건은 성품이 맑고 검소하고 곧았으며, 작은 행실도 반드시 조심하고 글 읽기를 좋아하였다. 그는 특히 지방 수령으로 부임한 뒤 백성들의 고통을 보고 술을 마시지 않을 정도로 모범적인 청백리였다.

2014년 5월
정구선

| 차례 |

머리말 조선왕조실록으로 들여다보는 조선의 술 문화 | 5

 1부 조선의 국왕과 술

● 술은 정치다
아침부터 벌어진 대궐의 술자리 | 22   임금의 하사품 목록 제1호, 술 | 26
죄수에게도 술을 내려 주다 | 28

● 임금의 주량
세종에게 억지로 술을 권한 태종 | 30   음주를 즐기지 않은 성종 | 33
연산군의 취중 실수 | 35   술을 끊은 효종 | 39   영조의 과음에 대한 변명 | 40

● 술은 만병통치약
술은 음식이며 약이다 | 44   전하, 약주를 드소서 | 50

● 숭음 풍조의 만연
조선 초기 - 전국이 술 마시기에 여념이 없다 | 54   조선 중기 - 음주의 생활화 | 58
조선 후기 - 한양에 술집이 차고 넘치다 | 60   연회와 음주 | 63
손님들이 음식을 가지고 가서 함께 마시다 | 66

♥ 금주령의 허상

금주령 시행의 명분 | 68   금주령의 예외 조항 | 70
탁주를 마신 힘없는 백성들만 걸려들다 | 73   술병을 가지고 다니지 말라 | 76
술주정하는 것만을 금하라 | 78   고기와 생선 안주를 금지하다 | 79
취하지 않은 자는 처벌하지 말라 | 81   재상들에게 유독 관대했던 임금 | 81
금주령을 어긴 절도사를 참하다 | 85   음주 단속은 정말 어려워라 | 88
뇌물을 챙긴 가짜 단속원 | 91   승려들의 음주를 금하다 | 92

♥ 음주에 대한 국왕의 경고

세종의 계주교서戒酒教書 | 94   중종의 주계酒誡 | 98
신하에게 술을 경계하는 술잔을 내린 숙종 | 100   영조의 계주문戒酒文 | 101
술을 경계하는 시 | 103   다섯 가지 주폐酒弊 | 104

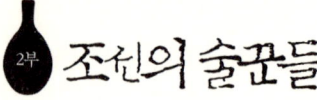

2부 조선의 술꾼들

♥ 술독에 빠진 애주가

술 때문에 요절한 왕자들 | 108   자살한 양녕대군의 아들 | 110
두주불사의 대신들 | 111   음주를 즐긴 정승 | 112
술을 끊기는 정말 어려워라 | 112   만취하여 말에서 떨어져 죽은 재상 | 115
술이 해친 인재 | 117   정승을 위한 변명 | 118
소주에 산초를 타서 마신 세자의 스승 | 120   술고래는 수령으로 삼지 마소서 | 122

♥ 어이없는 취중 실수

임금을 '너'라고 부른 정승 | 123   영의정의 실언과 선위 소동 | 132
명장의 취중 실수 | 136   양반 부인을 모욕한 관리 | 138
무엄하게도 임금의 옥좌에 올라가다니 | 139   임금 앞에서 기생을 희롱하다 | 140
술에 취한 채 임금을 알현한 신하 | 142   자살로 끝난 업무 중의 음주 | 143
취중에 국청에서 시를 짓다 | 145   남의 나라에서 추태를 부린 사신 | 150
임무를 그르친 관리들 | 152   술 취한 내시 | 153
국상 중에 술을 마시다니 | 156   형수와 싸운 시동생 | 158
성병에 걸린 주색가들이 사람의 쓸개를 먹다 | 159
취중에도 실수하지 않아 영전한 부사 | 160

♥ 술과 극형의 위기

술김에 임금을 비방한 관리 | 163   정승을 저주한 사헌부 감찰 | 165
반역으로 몰린 군인들 | 166   왕이 부탁한 점을 거절한 점쟁이 | 167
임금에게 무례를 범한 백성 | 169

죽음을 부른 과음

공신들은 과음을 삼가라 | 171   술 권하는 사회 | 173
과음으로 급사한 사람들 | 175   울분 때문에 과음하다가 죽은 선비 | 177
술병이 나서 세상을 등진 사람들 | 178

나는 조선의 주폭이다

건국 직후의 주폭 | 181   주폭 삼 형제 | 182
종친 주폭 | 185   아전들의 행패 | 186

주당과 술주정

술주정으로 쫓겨난 관리들 | 188
술주정이 심한 양아들을 때려서 죽이다 | 190
귀화한 여진인의 술주정 | 193

벌주를 받아라

태조가 태종에게 벌주를 내리다 | 196   스스로 벌주를 마시려고 한 세조 | 198
벌주를 마시다가 침을 뱉다 | 199   벌주를 자주 내린 세조 | 200
공신이 벌주를 받다 | 202   벌주를 거부한 사림파 | 203

술을 멀리한 재상

술과 풍악을 싫어한 관료 | 205   음주를 좋아하지 않은 판서 | 206
백성을 위하여 술을 먹지 않은 수령 | 208

1부

조선의 국왕과 술

술은 정치다

아침부터 벌어진 대궐의 술자리 ◉

　조선 시대에는 매일 아침 대신, 중신, 시종관侍從官 등의 관료들이 편전에 모여 국왕을 배알하고 정사를 보고하는 약식 조회인 상참常參을 열었다. 4~6일마다는 아침에 문무백관이 정전에서 왕에게 문안을 드리고 정사를 논의하는 정식 조회인 조참朝參 혹은 아조衙朝라는 회의를 하였다. 조회를 마치고 나면 임금이 참석한 관료들에게 술자리를 베푸는 경우가 많았다. 말하자면 아침부터 대궐에서 술자리가 벌어진 것인데, 대개는 간단히 끝나지만 때로는 거나하게 취할 정도로 자리가 커지기도 했다.

태조 7년1398 윤5월 26일의 경우를 보자. 아조 후에 해가 아직 뜨지 않아 임금이 대궐 안에 있는 누각에서 정승들과 봉화백奉化伯 정도전鄭道傳, 의성군宜城君 남은南誾을 불러 술자리를 베풀었는데, 임금과 신하들이 모두 취했다고 한다.

조회 때만이 아니라 임금들은 신하들과 정무를 처리한 뒤 수시로 술자리를 가졌다. 태종 16년1416 6월 8일에도 임금이 편전에 나아가서 의정부議政府와 육조六曹의 관원들을 인견引見하고, 그들에게 술을 내려 준 적이 있다. 세종 1년1419 6월 21일에는 부락민이 고을 수령의 죄를 고하지 못하게 하는 법의 제정에 대해 여러 신하들과 함께 논의한 뒤 술을 다섯 순배 돌려 먹이고 파하였다.

세종 1년 11월 22일에도 상왕上王 태종과 세종이 내전에서 술자리를 베풀고 대신들을 입시入侍하게 하여 정사를 논의하였다. 다음 달 17일에도 상왕이 내전에서 병조兵曹 판서判書 조말생趙末生 등을 인견하여 군무軍務를 처결하고 술자리를 차렸다.

임금들은 사냥하는 곳에 자주 행차하여 그때마다 신하들과 술자리를 가졌다. 세종 2년1420 3월에도 상왕과 세종이 경기도 광주의 연장산延長山에서 사냥하는 것을 구경하고, 점심때에 동정자東亭子 앞벌에 머물러 술을 차리고 풍악을 벌였다.

세조 4년1458에도 임금이 살곶이 들판에 행차하여 매사냥을 구경하였다. 구경을 마치고 돌아오면서 낙천정樂天亭에 이르러 술자리를 베풀었다. 이 자리에는 어가를 수행한 종친, 재상, 귀화한 여진족인 야인野人 등이 입시하였다. 날이 저물어 환궁한 임금은 경복궁 사정전思政殿에서 수행한 신하들에게 다시 술자리를 베풀었다. 아마도 임금의 기분이 대단히 좋았던 모양인지 다음과 같이 명하였다.

"입시한 사람들은 모두 마시고 취하도록 하라."

술을 좋아했던 세조는 보통 2~3일에 한 번씩 신하들과 술자리를 가졌다. 세조 11년1465 11월 초에도 임금이 경복궁 사정전에 나아가 상참을 받고 정사를 본 후 참석한 중신들에게 술자리를 베풀었다. 이 자리에는 상당부원군上黨府院君 한명회韓明澮, 좌의정左議政 구치관具致寬, 이조吏曹 판서 한계희韓繼禧, 공조工曹 판서 윤사흔尹士昕, 병조 판서 김질金礩, 호조戶曹 판서 노사신盧思愼 등이 참석하였다.

임금과 신하들의 술자리는 조선 후기에도 여전히 이어졌다. 특히 숙종은 홍문관弘文館 관원들과 경연을 하거나 정사를 논의한 뒤 술자리를 자주 가졌다. 동왕 7년1681 8월 6일 밤에 홍문관의 관원을 불러 왕이 밤중에 신하를 불러 경연經筵을 베푸는 야대夜對를 한 적이 있다. 경연을 마친 신하들이 물러가려고 하자 임금은 술과 안주를 하사하고 내시에게 명하여 술잔을 돌리게 하였다.

"밤이 된 뒤에 강론을 하면 조용하기 때문에 특별히 야대를 하였다. 가까이서 술을 마시는 사이에 화기가 풍성하여 집안사람의 예禮와 같으니, 효종 때에 자주 야대를 한 것은 이 때문이었다. 비록 술을 마시고 실수하는 일이 있다 하더라도 내가 마땅히 관대하게 용서할 테니, 그대들은 각각 자신의 주량에 맞추어 마시도록 하라."

술이 여덟 차례 돌자 여러 신하들이 더러 취하여 몸가짐을 잃었다. 이때 시독관侍讀官 박태손朴泰遜이 개인적인 일을 아뢰었다.

"지방관으로 임명되어 80세 된 외할머니를 봉양하기를 간절히 원합니다."

그러자 참찬관參贊官 이인환李寅煥이 말했다.

"법에 따르면 부모 외에는 봉양을 위하여 걸군乞郡할 수 없으며, 임금 앞에서 간절히 진술하는 것 또한 격식 밖입니다. 청컨대 추고推考하게 하십시오."

걸군이란 중앙 관리가 노부모를 봉양하기 위해 고향의 수령 자리를 청하는 것을 말한다. 임금이 웃으면서 답했다.

"술을 마신 뒤에는 평상시와 다르니 추고하지 말라. 그리고 사정이 가여우니 특별히 원하는 대로 하도록 하라."

그 뒤에도 숙종은 홍문관 관원과 자주 술자리를 열었다. 숙종 9년1683 9월 12일의 경우를 보자. 홍문관 관원을 불러 수재水災와 한재旱災, 붕당, 과음 등에 관해 논의한 임금이 참석한 신하들에게 술을 내리며 말했다.

"방금 술을 경계하라는 명이 있었다. 여러 신하들은 양껏 마시되 과음하지는 말도록 하라."

숙종 17년1691 4월 중순에도 홍문관 관원을 불러 주찬酒饌, 즉 술과 안주를 내렸다는 기록이 있다.

영조도 신하들과 술 마시기를 즐겼다. 동왕 10년1734 9월에 공로가 있는 여러 신하들을 창덕궁 영화당暎花堂에서 인견하고 내시를 시켜 술을 내려 주었다.

이와 같이 조선의 임금들에게 술자리 마련과 음주는 정사를 논의하고 신하들의 노고를 위로하는 일종의 정치적 행위였다.

임금의 하사품 목록 제1호, 술

　백성들에게 술을 내리는 것은 임금의 하사품 목록 제1호라고 할 정도로 중요한 의미를 지니고 있었다. 조선의 왕들은 백성들의 노고를 위로하는 뜻에서 관례적으로 술을 하사하였다.

　조선 초기에는 태종이 자신의 모교이며 인재의 산실인 성균관成均館에 특별히 신경을 많이 써서 빈번하게 술과 고기 안주를 하사하곤 하였다. 유생들을 격려하여 학업에 힘쓰도록 하기 위한 배려였다. 태종 17년1417 9월 9일에는 승지承旨를 보내어 시험을 마친 성균관 유생들에게 술 100병과 어육魚肉을 준 일이 있다. 이듬해 8월 3일에도 술 50병과 말린 노루, 사슴 고기를 성균관에 하사하였다. 이때 임금은 유생들에게 흥겹게 놀라고 당부하였다.

　"내가 젊었을 때 성균관에 있었는데, 술을 마시면 반드시 노래하고 춤추어 흥을 일으켰다. 이제 이것을 마시는 자도 마땅히 그같이 하여야 한다."

　성균관의 학관學官과 유생 등 백여 명은 실컷 마시고 놀았으며, 해가 져서야 술자리를 파하였다.

　세종도 성균관 유생들을 매우 아낀 임금이었다. 태종과 마찬가지로 자주 술과 어육을 하사였는데, 특히 성균관만이 아니라 한양의 중등 교육 기관인 사부四部 학당學堂에도 하사하였다.

　조선 시대에는 유생만이 아니라 과거 합격자에게도 각별한 관심을 기울였다. 문과, 무과, 생원진사시生員進士試 등의 합격자들에게 합격증과 어사화를 내려 주면서 동시에 술과 과일을 내리는 것이 하나의 관례였다. 과거 합격자들은 합격 발표 후 3~4일 동안

축하 퍼레이드인 유가를 행하는데, 비록 금주령이 내려졌더라도 이때만큼은 술을 마실 수 있도록 허용해 주었다. 합격자의 집에서 축하 잔치를 열면 술을 하사하기도 했다. 단종 2년1454 11월 도승지都承旨 신숙주申叔舟가 아우 신말주申末舟의 과거 급제를 축하하는 잔치를 그 집에서 베풀자 임금이 술 30병을 내려 준 적이 있다.

당시에는 노인을 공경하는 뜻을 보이기 위하여 80세 이상의 노인들을 위한 양로연養老宴을 정기적으로 한양과 지방에서 열었다. 경복궁 경회루에서 열린 양로연에는 임금과 왕비, 왕세자와 종친, 의정부 정승, 육조 판서 이상의 관원들과 노인들이 참석하여 술을 마시고 음악을 울리며 춤을 추었다. 중종 37년1542 9월에는 특별히 1백 세 이상의 노인들에게 술과 고기를 내려 준 적도 있었다.

조선 시대에는 그 밖에도 당상관堂上官으로서 나이가 70세가 되어 벼슬에서 물러난 사람들에게는 나라에서 매달 술과 고기를 보내 주도록 되어 있었다. 단종 2년1454 7월부터는 그렇게 물러난 당상관의 처와 나이가 많은 공신의 처에게도 매달 술과 고기를 하사하도록 하였다.

세종 때부터는 나라의 제사를 지내고 나서 음복연飮福宴이란 잔치를 경회루 등에서 열었다. 이때 임금과 왕비는 종친이나 제사에 참석한 관료, 제관祭官 들을 위한 연회를 베풀었고, 제사에 쓰인 고기와 술 등을 의정부 이하 여러 관사에 골고루 나누어 주었다.

죄수에게도 술을 내려 주다

 조선 시대에는 정승 등의 대신, 퇴직하는 재상, 지방을 지키는 장수, 사신의 임무를 띠고 중국에 다녀온 관원, 공신과 그 자제 들에게 술을 내렸다. 대신이 집에서 잔치를 열면 술과 풍악을 내려 주기도 했다. 단종 3년1455 1월 하동부원군河東府院君 정인지鄭麟趾가 공신들을 청하여 집에서 잔치를 한다고 아뢰자 임금이 술과 풍악을 내려 주었다. 또한 생일을 맞은 대신에게 술을 하사하기도 했다. 세조 6년1460 2월 영의정領議政 강맹경姜孟卿의 생일날, 도승지 윤자운尹子雲, 판내시부사判內侍府事 전균田畇에게 명하여 술과 풍악을 내려 주었다. 대궐에서 당직이나 숙직을 하는 관료나 궁궐을 지키는 군사들에게 술을 주기도 했다.

 궁궐 건축 시에 감독하는 관리나 부역한 장인들에게도 술을 하사하곤 하였다. 태종 12년1412 4월 어느 날 임금이 경복궁에 거둥하여 새로 세운 누각과 둘레의 연못을 보고 공조 판서 박자청朴子靑 등의 감독관과 인부 등 6백여 명에게 술을 내려 주어 그간의 노고를 위로하였다. 태종 17년1417 4월에는 경복궁 안의 행랑을 짓던 장인과 군사들에게 술을 하사했다. 세종 2년1420 5월에는 살곶이의 돌다리를 놓는 일을 감독한 영의정 유정현柳廷顯과 선공감繕工監 제조提調 박자청에게 술을 하사하여 수고를 위로하였다.

 어가를 수행한 신하와 군사들, 연변의 농부들에게도 술을 하사하였고, 왕릉을 조성한 신하들과 그곳을 지키는 능지기에게도 술을 내렸다. 세조 2년1456 10월에는 임금이 사냥을 하기 위해 황해도 토산의 어정탄於丁灘에 머물렀는데, 이날 비와 눈이 내리자 군사들이 동상에 걸리지 않을까 염려하여 술을 내려 주었다. 중종 33년1538 10월에는 비바람이 세차게 불어 맹수를 몰아내는 군사들이 동상에 걸릴까 걱정하여 내시를 통해 구급주救急酒를 보내 주었다.

당시에는 심지어 감옥에 갇힌 죄수들에게도 술을 하사하였다. 실제로 세조 4년1458 11월 30일 초저녁에 임금이 승정원承政院 관리에게 명하여, 술과 고기를 가지고 의금부義禁府와 전옥서典獄署에 가서 옥에 갇힌 자들에게 먹이게 한 적이 있다.

이처럼 임금은 위로는 재상부터 아래로는 군인이나 백성, 죄수에 이르기까지 술과 안주를 주어 위로하였다. 술을 하사하는 것은 국가 운영상 긴요한 통치 행위였던 것이다.

임금의 주량

세종에게 억지로 술을 권한 태종

　주색을 좋아한 연산군은 차치하고 조선 왕조의 역대 왕들 중 술을 좋아한 호주가를 꼽는다면 태종, 세조, 영조를 들 수 있다. 그중 최고의 호주가로는 단연 영조가 아닐까 한다. 이 왕들은 술을 자주 마시다 보니 자연히 주량도 강했다.

　즉위 이전이나 재위 중 어려운 일을 많이 겪은 왕들은 대체로 술을 좋아했던 것 같다. 태종은 왕자의 난 등을 통해 골육상잔의 아픔을 겪었고, 세조는 계유정난癸酉靖難으로 조카를 몰아냈다. 영조는 미천한 무수리의 아들로 태어나 왕위에 오르는 데 많은 고초를 겪었고, 재위 중에도 소론少論이 일으킨 무신란戊申亂 등의 변란과 치열한 당쟁을 치러 내야 했다. 즉, 임금의 주량은 당대의 정국 동향과 밀접한 관계가 있었다고 하겠다.

반면에 비교적 순탄한 재위 기간을 보낸 세종이나 성종, 효종 같은 임금들은 술을 별로 좋아하지 않았고, 그만큼 주량도 약했다. 효종은 세자 시절에 술을 끊어 재위 중에는 음주를 하지 않았다.

조선의 왕들 중 술을 가장 싫어했던 왕은 아마도 세종이 아닐까 한다. 세종은 본래 주량이 약하여 술을 좋아하지 않았다. 그럼에도 부왕인 태종과 신하들이 술을 강권하는 바람에 거절하느라 큰 곤욕을 치른 적이 한두 번이 아니었다.

세종 2년1420 7월 10일에 모친인 원경왕후元敬王后 민 씨가 승하하였다. 10일 후인 7월 22일 상왕 태종은 세종이 대비의 상중에 건강을 잃을까 염려하여 병조 참판參判 이명덕李明德을 보내어 억지로 술을 권하며 일렀다.

"나는 태조의 상을 당하여 겨우 10일을 지나서 억지로 대신의 주청을 좇아 술을 마셨다. 이제 주상이 너무 슬퍼하고 음식을 먹지 않아 병이 날까 두렵다. 백관들이 이미 상복을 벗었으니 억지로라도 내 말을 좇아 술을 마시어 나에게 근심을 끼치지 말라."

세종이 이명덕에게 말했다.

"부왕은 그때 연세가 많고 쇠약하고 병환 중이셨지만, 나는 젊고 병이 없다. 또한 평일에 고기가 들어 있지 않은 반찬을 먹으므로 술을 마시지 못하였다. 지금은 입속이 헤어져 아파 마실 수 없다. 만일 꼭 마셔야 한다면 상복을 벗을 때까지 기다리기를 청한다."

이명덕이 굳이 술 마시기를 청하였으나 허락하지 않자 다시 영의정 유정현 등의 대신들이 청하였다.

"상왕의 명이시니 불가불 좇으셔야 할 것입니다. 일기가 음습하오니 마땅히 근신을 하셔야 합니다. 전하께서 비록 연소 무병하다 하시지만, 병이 몸에 들어오는 것은 스스로 깨닫지 못합니다."

부득이 세종은 작은 잔으로 술을 한 잔 마셨다고 한다. 술을 마시지 않겠다는 세종과 건강을 위하여 반드시 마셔야 한다는 태종의 줄다리기가 끝난 것이다.

세종 4년1422 5월 10일에는 태종이 승하하였다. 이때에도 신하들이 세종에게 술을 권하였다. 태종이 승하한 1주일 후인 5월 18일 의정부와 육조의 대신들이 승지를 통하여 안개가 너무 심하므로 술을 조금 드시기를 임금에게 청하였다. 그러자 임금이 화를 내면서 승지들을 꾸짖었다.

"상중에 술을 마시는 것은 예가 아닌데, 너희들이 어찌하여 감히 예 아닌 말을 아뢰느냐."

지신사知申事 김익정金益精 등이 다시 아뢰었다.

"전하께서 태상왕太上王의 병환이 위독한 이후 전혀 찬을 들지 아니하신 지 이미 20여 일이 지났습니다. 이제 덥고 습한 때를 당하여 지극히 높은 몸으로 띠집 아래서 거처하시어 신들은 성체聖體에 손상이 있을까 염려됩니다. 대비의 초상 당시 태상왕이 날마다 사람을 보내어 찬과 술을 권하고, 전하께서도 태상왕의 명령을 어기기 어려워 애통한 마음을 억제하고 찬을 드셨습니다. 지금은 그때와 달라 신들이 어찌할 줄 몰라서 옳고 그름을 가리지 아니하고 감히 총명을 번거롭게 한 것입니다."

"술을 마시라는 청은 내가 끝내 듣지 않을 테다. 다시는 아뢰지 말라."

며칠 후 대신들이 다시 술을 드시기를 청하였다.

"이제 연일 비가 내려 십여 일 동안 개지 않고 있습니다. 전하께서 비록 술을 드신다 하여 효도에 무슨 손상이 있겠습니까. 종묘와 사직을 위하여 억지로라도 한 잔 들어 성체를 보호하시고, 길이 백성을 편케 하십시오."

결국 임금이 마지못하여 허락하였다.

"나의 성품이 술을 좋아하지 않아 마시지 않는 것이 도리어 편하다. 그러나 대신들이 재삼 청하니 힘써 그 말을 따르겠다."

그런 다음 소주를 올리라고 하여 겨우 반잔쯤 마시고 그쳤다.

이처럼 세종은 술을 무척 싫어하였다. 술도 약하여 임금 노릇 하기가 여간 고역이 아니었던 것이다.

음주를 즐기지 않은 성종

역대 임금들 가운데 특히 세조는 음주를 즐긴 데다 술이 셌다. 이것을 뒷받침하는 일화가 전해지고 있다. 조선 초기의 대표적 문신인 양성지梁誠之가 집현전集賢殿 직제학直提學으로 있던 어느 날 세조가 상참을 마치고 술자리를 베풀었다. 이 자리에서 양성지가 "성체를 상할까 두렵습니다. 청컨대 절주하도록 하십시오." 하였다. 세조는 "오직 그대가 나를 아낀다." 하고 그를 갑자기 당상관으로 승진시키도록 명하였다. 세조는 신하가 절주를 권할 정도로 술을 많이 마셨던 것이다.

세조의 손자인 성종은 그와 달리 술을 별로 좋아하지 않았다. 성종 3년1472 6월 1일 야대가 끝난 후 성종이 승지에게 한 말에서 이를 엿볼 수 있다.

"옛사람이 이르기를 '안으로는 색色을 좋아하고 밖으로는 사냥을 즐기며, 술을 좋아하고 음악을 즐기며, 높은 집을 짓고 담장을 쌓는 등 그중 한 가지라도 있으면 망하지 않는 자가 없다'라고 하였다. 나는 아무리 반성해 보아도 이러한 일은 없다."

이런 자신감에서 성종은 당당하게 술을 삼가라고 백성들에게 당부하였다.

"술은 본래 제사를 위하여 만드는 것이요, 마시기를 숭상하기 위함이 아니다. 비록 술 마시는 것을 끊을 수는 없으나, 마땅히 술을 삼가서 하늘의 경계를 조심해야 할 것이다."

술을 삼간 성종이었지만, 여느 왕들처럼 신하들에게 술자리를 베풀어 같이 즐기기도 하였다. 성종 20년1489 9월 3일 임금이 태종과 그 왕비 원경왕후의 능인 헌릉獻陵에 제사를 드리고 환궁하다가 송파의 삼전포三田浦에 이르렀다. 성종은 배 10여 척을 매어 방주方舟를 만들게 하고 종친과 재상들을 불러 술자리를 마련하면서 악공樂工으로 하여금 음악을 연주하게 하였다.

이날 강산이 맑고 아름답고 가을 풍경이 그림 같았다. 임금이 즐거워하며 사면을 둘러보더니 주위 사람들에게 명하여 즉석에서 율시律詩를 지어 올리게 하였다. 율시의 운韻은 '홍紅' 자로 삼았다. 먼저 공조 참판 박안성朴安性이 '홍' 자를 달아 율시를 지었다.

"일신홍一身紅."

"비록 술을 마셨다 하더라도 어찌 '온몸이 붉어라'라고 하는가?"

임금이 명하여 술을 따라 벌을 주게 하였다. 반면에 동지중추부사同知中樞府事 이계동李季仝이 무인인데도 시를 지어 올리자 임금이 감탄하여 상으로 술을 따라 주었다. 지사知事 이극증李克增은 대취하여 손뼉을 치며 몸을 으쓱거렸고, 여러 번 자리에서 일어나 춤을 추려고 하였다. 임금이 돌아보고 웃으면서 도승지 한건韓健에게 명하였다.

"광천군廣川君이 취하였다. 넘어져서 다칠까 염려되니, 그 아우 이극균李克均이 보호하여 돌아가게 하라."

술자리가 파하고 임금이 행차 도중 잠시 쉬면서 점심을 먹던 대주정大晝停에 이르자 사헌부司憲府 지평持平 권빈權璸이 아뢰었다.

"이극증이 배 안에서 술에 취하여 실례하였으니 국문鞫問하소서."

"취한 사람을 죄줄 수는 없다."

성종은 비록 술을 좋아하지 않았지만, 신하들과의 술자리에서는 스스럼없이 어울렸다.

연산군의 취중 실수

연산군이 주색을 즐긴 사실은 널리 알려져 있다. 주색을 좋아하다 보니 술 마신 뒤의 실수도 종종 있었다. 연산군 9년1503 11월에 임금이 영의정 성준成俊, 좌의정 이극균 등의 신하들과 편전에서 술자리를 가졌는데, 임금과 신하들이 모두 몹시 취하였던 모양이다. 이극균은 만취하여 임금이 하사한 어의御衣에 토하기까지 하였다. 이극균은 다음 날 대궐에 들어가 임금에게 사과를 해야만 했다.

"어젯밤 신을 불러 대전 안에 들게 하시고, 여러 번 술잔을 하사하시며 어의도 하사하여 입히시어 신이 혼미해져 취한 줄을 알지 못하였습니다. 신이 젊었을 때에는 취중에 한 일도 기억하지 못하는 것이 없었습니다. 지금은 늙어서 어제 성상聖上의 하교를 받고도 도무지 살피지 못하고 오늘 아침에야 하사하신 어의를 보았는데 토한 흔적이 흥건하였습니다. 생각건대 반드시 성상 앞에서 이렇게 무례하였을 것이라 죄가 만 번 죽어도 마땅하여 놀라운 마음 금할 수 없습니다."

"사과하지 말라. 어제 과음해서 취한 뒤의 일은 아무것도 생각나지 않는다."

임금은 어젯밤에 오히려 자기가 술에 취하여 기억이 나지 않는다고 말하였다. 그러자 성준이 아뢰었다.

"신의 소견으로는 아무것도 실수하신 것이 없었습니다. 세조 때에도 자주 대신들을 불러서 정사 등을 논의하시며 그렇게 하셨습니다."

"어제 과음하여 실수하였다. 임금의 패덕敗德이 이보다 더할 수 없고, 역사를 더럽힘도 이보다 더할 것은 없으리라. 군신 간에는 마땅히 예절로 대해야 하는데 이래서야 되겠는가? 내일 경연에 나가야 하겠으나 대신들 보기가 부끄럽다."

성준과 이극균이 다시 아뢰었다.

"제왕이 대신 접대를 혹 그렇게 할 수도 있습니다. 어제 신들 역시 취하여 어찌 전하의 실수를 알겠습니까? 다만 술이 취하셨을 뿐 다른 잘못하신 일은 없으셨습니다. 신 등의 생각으로는 군신 간에도 한결같이 엄하고 공경하는 것으로만 대할 수 없는 일입니다. 때로 편전에서 사사로이 대신을 보시는 것이 무슨 잘못이겠습니까? 성종께서도 일찍이 여러 신하들을 접견하셨는데, 그때 정인지가 수상首相으로 있으면서 아뢰기를 '군신 간에는 의당 예절로 접해야 합니다. 그러나 한결같이 예절로만 할 수는 없는 것이요, 역시 온화하게 대할 때도 있어야 합니다' 하였습니다. 성종께서 술이 취하자 바로 정전에서 일어나 춤추시며 이어 여러 신하들도 춤추게 하셨습니다. 임금으로서 대신을 접하는 데는 역시 화합하는 때가 있어야 합니다. 어제 일이 무슨 실례가 되겠습니까?"

대사헌大司憲 이자건李自健은 여기에 한 술 더 떠서 아주 아부성 발언까지 하였다.

"어제 일은 근래에 듣지도 보지도 못한 일입니다. 전하께서 위로는 두 대비를 모시고 아래로는 대신, 시종侍從, 대간臺諫을 불러 중심을 보이시며 성의로 대하셨습니다. 무슨 잘못하신 일이 있겠습니까? 참으로 제왕의 도량이십니다. …… 전하께서 심한 잘못이 없는데도 깊이 뉘우치시니 성덕이 사책史冊에 빛을 더할 일입니다."

성준도 다시 아뢰었다.

"신이 세조 때에도 모셨는데, 세조께서도 자주 이렇게 하셨습니다."

"모친의 은혜에 감격하고 대신을 사랑하여 대하기를 예로 하지 않아 마음에 스스로 부끄럽다. 어제 일은 내가 어떻게 하여야 할지를 모르겠다."

임금의 말을 들은 성준과 이극균이 아뢰었다.

"어제 일은 그다지 성덕의 누가 되지 않습니다."

승지 허집許輯 등도 아뢰었다.

"전하께서 대신 대하기를 화목으로 하셨습니다. 도를 잃은 것이 아닙니다."

"어제 일을 반복해서 생각해 보니 한때의 웃음거리뿐만 아니라 만대에 조롱을 살까 염려된다.《서경書經》의 '주고酒誥' 편篇에서도 술을 경계하였다. 그러나 은나라의 주왕紂王과 같이 술에 빠지면 안 될 것이요, 심한 지경에 이르지 않았다면 역시 무방할 것 같다."

성준이 다시 아뢰었다.

"주고는 원래 주왕이 술에 빠졌기 때문에 지은 것이지, 이런 일을 가리키지는 않습니다."

임금이 성준에게 호초胡椒 한 자루, 성준의 외손자인 참의參議 한형윤韓亨允에게 옥관자玉貫子 하나를 하사하고 이어서 말하였다.

"어젯밤에 준다고 하였다. 취중의 일이지만 저버릴 수 없기에 주는 것이다."

성준 등이 절하고 사례하면서 아뢰었다.

"하교에 이르시기를 '술이 취하였다' 하시지만 이런 일을 잊지 않으셨습니다. 신은 전하께서 실수하신 것을 모르겠습니다."

연산군이 대신들과 가진 술자리에서 모두들 취하였으나, 연산군이 특히 더 취하여 필름이 끊겼나 보다. 연산군이 이를 뉘우치며 부끄러워하자 대신들이 취하지 않았다고 안심시키며 아부를 했던 것이다.

술을 끊은 효종

효종은 세자로 책봉된 때부터 금주를 시작하여 그 후 술을 전혀 마시지 않았다고 한다. 효종 3년1652 8월 19일 임금이 주강晝講에 나아가 술의 폐해를 경계한 《서경》의 '주고' 편을 강하는 자리에서 이런 말을 했다.

"근래 젊은 명관名官은 반드시 거리낌 없이 마셔야 세상에 널리 알려진 사람이라 하고, 혹 마시지 않는 자가 있으면 사람들이 도리어 비웃으니 매우 놀랍다. 주량은 한정 없지만 취해 흐트러지는 데까지 이르지 않는 것은 공자만이 할 수 있다. 여느 사람은 한번 술잔을 대하면 반드시 어지러워지고 나서야 그치니 삼가지 않을 수 있겠는가. 평소에 술을 즐기던 사람도 반드시 결심하고 술을 끊으려면 무슨 어려움이 있겠는가. 내가 세자가 된 이후부터는 술을 전연 가까이하지 않았는데, 이제 세월이 오래 지나 마시고 싶은 생각이 절로 없어졌다. 이것을 보면 술을 끊는 것도 어려운 일이 아니다."

효종도 세자가 되기 전에는 술을 마셨지만, 그 후에 금주를 하면서 더 이상 술 생각이 나지 않았다는 말이다. 임금의 말을 들은 참찬관 홍명하洪命夏가 아뢰었다.

"성상께서 세자로 계실 때부터 이미 술을 끊으셨습니다. 늘 그 마음을 간직하여 끝까지 바꾸지 마시기 바랍니다."

"승지는 특별히 더 경계하고, 승정원의 벽에 술을 경계하는 글을 써서 봉행하는 바탕으로 삼으라."

효종은 다른 사람들도 자기처럼 금주하기를 바랐다. 임금의 뜻을 받들어 행하는 승지들은 특별히 음주를 더욱 경계해야 한다고 당부하였던 것이다.

영조의 과음에 대한 변명

　세종이 술을 못해서 신하들의 애를 태웠다면, 영조는 반대로 술을 너무 많이 마셔서 신하들의 두통거리가 되었다. 영조는 술을 무척 좋아하여 재위 중 줄곧 신하들에게 걱정을 끼쳤다. 그때마다 술을 마시지 않았다거나 조금만 마셨다고 둘러대어 난처한 처지를 모면하려 했다. 영조의 술에 대한 변명은 재위 초기부터 시작되었다. 동왕 5년1729 12월 초에 홍문관 응교應敎 이종성李宗城이 임금에게 다음과 같이 아뢰었다.
　"성상께서 하夏나라의 우왕禹王처럼 술을 싫어하는 덕은 모자라고 오직 술을 제한 없이 드시는 잘못이 있으십니다. 그러면서 도리어 경연에서 '술을 입에 가까이 하지 말라'는 분부를 하시어 항간에 소문이 낭자합니다."
　영조가 술을 끝없이 마시면서도 오히려 신하들에게 술을 마시지 말라고 명하여 사람들이 혼란스러워한다는 비판이었다. 임금은 다음과 같이 변명하였다.
　"내가 사저私邸에 있을 때부터 한없이 그런 이름을 얻었다. 당시 환약을 술과 물에 타서 먹었는데, 박필몽朴弼夢의 무리가 그런 말을 만들어 낸 것이다. 내가 생맥산生脈散을 복용할 적에 오미자의 빛깔이 자색이었기에 웃으면서 말하기를 '예사로운 말에 다병茶瓶을 주병酒瓶으로 여긴다' 하였다. 내가 이것을 마신 것을 사람들이 술을 마신다고 한 것인가?"

왕이 되기 전부터 술을 많이 마신다는 소문이 크게 났지만, 환약을 술에 타서 먹거나 생맥산을 마시는 모습을 보고 사람들이 지어낸 헛소문이라는 변명이었다. 비록 변명하기는 했지만, 그런 소문이 있었다는 자체가 얼마나 술을 많이 마셨는가를 알려 주는 증거라고 하겠다.

그 후에도 영조는 여전히 술을 과음했던 모양이다. 영조 12년 1736 4월 24일에 임금이 야대를 경희궁 홍정당興政堂에서 행한 후 신하들과 함께 술을 마셨다. 이 자리에서 검토관檢討官 조명겸趙明謙이 아뢰었다.

"가만히 민간에 전해진 말을 들으면 성상께서 술을 끊을 수 없다고들 합니다. 신은 그 허실을 알지 못하겠지만, 오직 바라건대 조심하고 염려하며 경계함을 보존토록 하십시오."

"내가 목이 마를 때에 간혹 오미자차를 마시는데, 남들이 소주인 줄 의심을 한다."

임금이 술을 끊을 수 없다는 소문에 대해 오미자차를 소주로 의심한다는 핑계를 대었던 것이다.

신하들의 염려에도 불구하고 즉위 초부터 술을 즐긴 영조의 음주 습관은 말기까지 계속되어 술을 경계하라는 권면을 들어야 했다. 영조 30년1754 10월 30일 홍문관 수찬修撰 조엄趙曮이 아뢰었다.

"신에게 잊히지 않는 염려가 있는데, 여러 번 경연에 참가하면서 끝내 한 번 아뢰지 않는다면 살아서는 전하를 저버리고 죽어서는 선신先臣을 저버리는 것입니다. 어찌 차마 그렇게 할 수 있겠습니까? 술과 여색은 사람을 죽이는 도끼여서 젊은 자도 경계해야 하는데, 더구나 노인은 어떠하겠습니까? 내주방內酒房을 폐지하지 않으면 전하께서 맛 좋은 음식을 꺼리는 덕에 부끄러울 것입니다. 후궁의 봉작封爵이 혹 노쇠하신 뒤에 있다면 전하께서는 또한 여색에 대한 경계에 부족함이 있을 것입니다. 신은 임금을 아버지처럼 사랑하는 정성으로 감히 이 두 자 주색을 경계하시기를 권면합니다."

영조는 당시 나이가 60세였다. 노인이 여전히 술을 즐기고 여기에다 여색까지 가까이하고 있음을 염려하여 주청했던 것이다.

"유신儒臣이 이런 말을 하여 참으로 가상하게 여긴다. 내가 마땅히 유념하겠다."

임금이 자주 술을 마시고 궁녀에 대한 사랑도 대단하였는데, 남들이 하기 어려워하는 말을 하여 사람들이 칭찬하였다고 한다.

이듬해에는 암행어사로 유명한 영성군靈城君 박문수朴文秀가 나서서 임금에게 절주를 진언하였다. 박문수가 웃으면서 다음처럼 말하였다.

"신이 전해 드릴 말씀이 있으나 전하께서 엄한 교지를 내리실까 두려워 감히 나오지 않습니다."

"그처럼 전하려는 말이라면 내가 어찌 엄한 교지를 내리겠는가?"

"노인에게 술은 무익하지는 않으나 지나치게 마시면 해가 됩니다. 원하건대 성상께서는 절제해서 마시십시오."

"나는 본래 술을 마시지 않는다. 지난번 직접 죄인을 심문했을 때는 마음을 진정할 수가 없어 조금 마신 일이 있었지만 어찌 과음하였겠는가? 그러나 경의 말이 이와 같으니 마땅히 깊이 반성하겠다."

영조의 음주에 대한 변명은 초기나 말기나 변함없이 계속되었던 것이다. 신하들의 걱정 어린 충고에도 끝내 술을 멀리하지 못하고 과음을 계속한 영조는 82세까지 장수하였다. 참으로 아이러니한 일이다.

술은 만병통치약

술은 음식이며 약이다

조선 시대에 술은 곧 약이요, 음식이었다. 몸이 아프거나 허약할 때 약으로 술을 마시거나 약을 먹으면서 술을 함께 마셨다. 따라서 술은 곧 약주요, 음주는 복약, 곧 약을 먹는 것으로 인식되었다. 당시에 자주 쓰인 주식酒食이라는 말도 술이 일종의 음식으로 여겨졌음을 보여 준다. 술과 약, 술과 밥은 결코 떨어질 수 없는 사이였다. 약식동원藥食同源이라는 말처럼 그야말로 주식동원酒食同源이요, 주약동원酒藥同源이었다.

술을 약으로 인식하다 보니 금주령을 내려 음주를 금하더라도 노환이 있을 경우에는 예외적으로 술을 허용하였다. 또 사신 등의 관리들이 공무로 출타하였다가 병이 나면 조정에서 약과 함께 꼭 술을 보내 주었다. 임금들도 약주를 자주 마셨으며, 병에 걸리거나 몸이 허약한 신하들에게 약주를 하사하곤 하였다. 금주령이 내려진 경우라도 약으로 쓰는 술만은 허용한 것이다. 다음 기사는 조선 시대 사람들이 술을 약으로 인식하고 있었음을 잘 보여 주는 생생한 증거이다.

"술은 사기邪氣를 물리치고 혈맥을 통하게 하여 실로 좋은 약입니다. 만약 이른 아침부터 밤늦게까지 근심하고 두려워하시고 조금도 술을 들지 않으신다면 기운이 손상될 것입니다. 술을 드시어 기맥氣脈을 기르도록 하십시오."

세종 8년1426 4월 어느 날 임금이 가뭄을 근심하여 술을 들지 않자 대제학大提學 변계량卞季良이 대궐에 나아가 술 드시기를 청하면서 한 말이다. 당시 술은 병을 일으키는 나쁜 기운을 없애 주고, 피를 잘 통하게 하며, 피로한 몸과 마음을 풀어 주는 아주 좋은 약이었다.

세종 27년1445 2월 초에 승정원에서 아뢰었다.

"나라의 제사를 주관하는 제관은 대개 늙고 병든 대신입니다. 만일 약을 먹지 않으면 바람 때문에 병이 날까 염려됩니다. 마땅히 종전대로 술을 마시도록 하되, 함부로 마시지 않도록만 하십시오."

역시 술을 약으로 이해하고 있었음을 알 수 있다. 조선의 중신들은 국왕의 건강과 술이 직결된다고 여기고 있었다. 세종 18년 1436 윤6월 승정원에서 아뢴 말을 보자. 성후聖候는 임금 신체의 안위를 이르는 말이다.

"날씨가 순조롭지 못한 때에 여러 달이 경과하도록 술을 올리지 못하게 하시어 병이 나실까 두렵습니다. 이제부터 아침마다 술을 드시어 성후의 조화를 기하시기 바랍니다."

조선 시대에는 내의원內醫院에서 매일 약용으로 술 한 병씩을 임금에게 올렸다. 그러다 가뭄이 들어 금주령을 내리면 줄이곤 하였다. 현종 2년1661 4월에는 가뭄으로 술을 평상시의 3분의 1로 줄이도록 했다가 나중에는 더 많이 줄이도록 지시한 적이 있었다. 그때 내의원에서 전례에 따라 술을 올리면서 아뢰었다.

"날마다 봉해 올리는 한 병의 술은 곧 약용이지만, 전년에 감선減膳할 때 이미 3분의 1을 감했습니다. 이제 비록 금주하라는 분부가 계셨으나, 다시 감할 수는 없습니다."

내의원의 주청에 임금은 다음과 같이 명했다.

"이미 금주토록 하여 아무리 약으로 먹는다고 하더라도 전례를 그대로 적용하는 것은 부당하다. 3일마다 한 병씩 감하도록 하라."

조선 초기에는 임금의 건강을 위하여 궁중에서 사용하는 법주法酒에 노루 뼈를 넣었던 모양이다. 세종 12년1430 11월에 상호군上護軍 김척金陟과 대호군大護軍 마변자馬邊者가 노루 뼈를 구하기 위해 경기도 풍양에서 노루를 사냥했다. 그 와중에 사복시司僕寺의 하인인 엄용嚴龍이 멧돼지의 공격을 받아 사망하는 사건이 발생하였다. 임금은 엄용의 집에 쌀과 콩 5석, 종이 50권을 부의로 내리고, 김척과 마변자는 의금부에 가두었다. 그러고 나서 앞으로는 노루 뼈를 넣어서 담는 술을 만들지 말라고 명하였다.

당시 술은 그야말로 만병통치약으로 인식되었다. 술은 피를 잘 돌게 하고 기를 살려 줄 뿐 아니라 이질, 종기, 현기증 등에도 효험이 있다고 여겨졌다. 이와 관련된 예를 하나 들어보자. 성종 2년1471 6월에 금주령을 어기고 인산부원군仁山府院君 홍윤성洪允成과 함께 술을 마시던 황해도 관찰사觀察使 이수남李壽男이 갑자기 죽었다. 그러자 사헌부에서 홍윤성을 탄핵하였다. 홍윤성이 임금에게 나아가 아뢰었다.

"신이 설사병인 이질을 앓아 항상 소주를 복용합니다. 하루는 이수남이 술 취한 김에 와서 담소하는 사이에 단지 두어 잔을 권한 것이 이에 이를 줄은 몰랐습니다. 청컨대 대죄待罪하게 하십시오."

"비록 술을 금하더라도 약으로 마시는 것이 어찌 해롭겠는가?"

임금은 오히려 위로를 해주며 다음처럼 전교하였다.

"경이 이질을 앓고 있기에 소주를 내렸다. 마시고 가는 것이 옳다."

술은 그야말로 설사도 낫게 하는 약이었던 것이다.

술은 현기증도 낫게 하는 명약이었다. 현종 3년1662에 사헌부 장령掌令 정양鄭瀁이 금주령을 어겼다고 하면서 한 말을 보자.

"신은 현기증이 있어 오로지 술을 마셔야만 기력이 회복되는 관계로 보통 때에도 얼굴이 붉어 보는 이들이 놀라곤 합니다. 그런데 한창 금주령을 시행하고 있는 이때에 이를 위반했습니다. 어떻게 하루라도 대간의 자리에 있겠습니까."

우리 전통주의 일종인 현삼주玄參酒는 종기에 특효약으로 알려져 있었다. 현종이 동왕 9년1668에 종기의 일종인 핵환核患을 앓았다. 약방藥房의 신하 한 사람이 현삼주가 핵환을 치료하는 데 가장 좋다고 권하였다. 현삼주는 현삼과에 속하는 다년생 초본 식물인 현삼의 뿌리를 독한 술에 담가 밀봉한 지 4개월 만에 마시는 술이다.

"비록 좋은 처방이라고 하더라도 술을 입에도 대지 못하니 어찌겠는가."

결국 임금은 사양하였다. 몸이 좋지 않아서 술을 마시지 못하고 있는데도 술을 마시라니 도저히 마실 수가 없었던 것이다. 종기에 술을 마시면 덧나기 마련인데, 비록 현삼주라고는 해도 술을 마시라 하여 무언가 이상하다. 혹시 잘못된 처방이 아니었을까?

중종 20년1525 8월에 내린 다음의 하교를 보면 특히 겨울에 술을 약으로 많이 썼음을 알 수 있다.

"대궐에 오가는 빈객들에게 쓰는 술은 비록 여름에는 쓰지 않아도 되나, 겨울에는 약으로 먹는 때라 쓰지 않을 수 없다. 사옹원司饔院으로 하여금 수량을 헤아려 쓰거나, 혹은 당상관에게만 쓰도록 해야 한다. 그러나 시종하는 신하들이 오갈 적에는 당하관에게도 술을 써야 한다."

술은 약이나 음식이었을 뿐만 아니라 일종의 기호음료이기도 했다. 요즈음 각종 모임에서 차나 커피를 마시듯이 당시에는 일이 끝나면 으레 술을 마시곤 했다. 대궐에서도 조회 등의 회의를 마치고 나면 임금이 참석한 중신들에게 술자리를 베푸는 것이 하나의 중요한 관례였다. 신하들은 임금의 건강을 위하여 항상 술을 드시라고 청하였다. 반대로 임금들은 신하들에게 늘 술을 약으로 마시라고 권하였다. 이런 사례는 허다하게 찾아볼 수 있다.

태종 때의 경우를 보자. 동왕 3년1403 윤11월에 경상도 관찰사 남재南在에게 임금이 신하나 백성에게 내리던 술인 궁온宮醞을 내려 준 적이 있다. 남재가 금주령으로 인하여 술을 마시지 않고 열심히 일하고 있다는 말을 듣고 병이 날까 염려하여 술을 내려 주었던 것이다. 그러면서 임금은 명하였다.

"이제부터 약을 먹을 때는 술을 쓰라."

태종 11년1411에는 공안부恭安府 윤尹으로 물러난 당성唐誠이 병이 나자 임금이 약주를 하사하였다. 이듬해에도 서북면西北面 도순문사都巡問使 임정林整에게 약주를 마시라고 명하였다.

"경이 본래 병이 있다. 지금 지방에서 비록 술을 금하고 있지만 마땅히 약으로 마시라."

그해 5월에는 공안부 윤 정역鄭易에게 병을 치료하라고 술을 내려 주었다. 태종 16년1417에는 금주령이 시행되고 있음에도 불구하고 각도의 관찰사, 병마도절제사兵馬都節制使, 수군도절제사水軍都節制使에게 복약할 때는 술을 쓰도록 하였다. 같은 해 7월에는 풍질風疾을 앓고 있는 경기 관찰사 우희열禹希烈에게 약과 술을 주었다. 11월에는 진산부원군晉山府院君 하윤河崙이 죽자 부인 이 씨가 애통하여 음식을 먹지 않아 거의 죽게 되었다. 임금이 듣고 약주를 하사하며 당부하였다.

"부디 술을 마시고 슬픔을 절도 있게 하여 장례를 마치라."

세조 때의 경우도 보자. 동왕 5년1459 2월에 임금이 전 참의 한계희가 상중에 기력이 몹시 쇠약하여졌다는 말을 듣고 승정원 주서注書 하한근河漢近에게 명하여 술과 고기를 가져다주게 하였다.

병이 있거나 몸이 약한 신하들에게 약으로 술을 하사하는 것은 역대 임금들의 중요한 업무 중 하나였다.

전하, 약주를 드소서

조선 시대 사람들에게 술은 몸이 좋지 않을 때 기운을 북돋우기 위해 먹는 약이요, 약을 먹으면서 반드시 같이 마셔야 하는 일종의 음식이었다. 술은 오곡의 정기가 들어 있어 적당하게만 마시면 참으로 좋은 약이었다.

신하들은 임금이 매일 술을 마시지 않으면 몸을 상할까 염려하여 술을 강권하였다. 술을 즐긴 임금들에게는 괜찮았겠지만, 세종처럼 술을 싫어한 임금에게는 그야말로 고역이었다. 그러다 보니 세종과 신하들 사이에는 임금의 음주를 두고 자주 실랑이가 벌어지곤 하였다.

세종 5년1423 5월에도 실랑이가 있었다. 임금이 가뭄을 근심하여 말하였다.

"가뭄의 재앙은 나에게 책임이 있다. 지금부터는 비록 약에 타서 마실 한 잔 술이라도 다시 내전에 들이지 말라."

지신사 조서로趙瑞老, 좌부대언左副代言 김맹성金孟誠 등이 청하였다.

"전하가 가뭄을 근심하시는 것은 종사宗社와 백성을 위한 계책이지만, 이 명령은 종묘사직과 백성을 위하는 계책이 아닙니다."

그들은 임금에게 두 번이나 청하였으나 허락하지 않았다. 임금은 약과 함께 마시는 술을 물리치고 대신 소금을 넣어 끓인 국을 들이도록 하였다. 이튿날 영의정 유정현, 예조 판서 김여지金汝知, 대사헌 하연河演 등이 눈물을 흘리면서 다시 청하였다.

"전하께서 부왕의 상에 너무나 슬퍼하고 정성을 극진히 하며 근심이 쌓여 병환이 나셨습니다. 만일 술을 마시지 않으시다가 병환이 깊어지시면 종사와 백성이 어찌 되겠습니까."

"다시 말하지 말라. 내가 덕이 부족한 사람으로 백성 위의 임금이 되었다. 가뭄의 재앙은 나를 꾸짖는 것이다. 어찌 나 한 몸만 위하여 술을 마실 것인가."

그러자 유정현 등이 사직하기를 청하면서 아뢰었다.

"이제 성상께서 임금이 되셨으나 가뭄이 이와 같음은 신들이 재주가 없는 몸으로 백관의 어른이 된 것에 기인합니다. 신들의 관직을 파면하시어 재앙을 물리치게 하십시오."

임금은 역시 윤허하지 않았다.

세종 10년1428 윤4월에도 가뭄 걱정으로 임금이 술을 마시지 않아 신하들이 술 드시기를 청했으나 완곡히 거절하였다. 그때 의정부와 육조에서 아뢰었다.

"옛날에 가뭄을 만나면 감선한다고 한 것은 술을 말함이 아닙니다. 또한 감할 뿐이고 철폐는 아닙니다. 지금 전하께서 가뭄을 근심하시어 술을 드시지 않으십니다. 원컨대 술을 드시도록 하십시오."

"사람 중에는 본래부터 술을 먹지 않는 자도 있다. 내가 술을 먹지 않아도 기운이 스스로 평안하다. 어찌 꼭 마실 필요가 있겠는가."

이틀 후에도 의정부와 육조에서 술을 드시라고 청하였으나 윤허하지 않았다. 얼마 지나 또다시 술을 드시라고 청하자 결국에는 허락해야만 했다.

세종 22년1440 5월 8일에도 같은 일이 반복되었다. 의정부 우찬성右贊成 하연과 예조禮曹 판서 민의생閔義生 등이 임금에게 술을 드시기를 권하였다.

"근래에 전하께서 가뭄을 근심하여 술을 드시지 않으십니다.

신 등은 이로 인하여 건강을 잃으시어 신민臣民에게 근심을 끼칠까 참으로 두렵습니다. 어제의 비가 비록 흡족하지는 않지만, 곡식은 다시 소생할 수 있어 조금 염려를 놓으실 수 있습니다. 원컨대 술을 내오는 것을 허락하시어 성궁聖躬을 보호하여 신민의 바람을 위로하십시오."

술을 드시고 임금의 몸을 보호하라는 말을 한 후 술을 드리자 임금이 말하였다.

"지난 을사년에 내가 가뭄을 근심하여 술을 내오지 못하게 하였다. 시기가 지나도록 먹지 않아 병을 얻었으므로 신하들이 나의 건강을 염려하고 있다. 나 역시 그 뒤로부터 매번 하늘의 재앙을 당하면 비록 음식을 감하면서도 주린 것을 참는 데에 이르지는 않게 한다. 기운이 만일 순조롭지 못하면 혹 술을 마시기도 한다. 또 근일에 복약으로 인하여 술을 마셔 이것으로 또한 족하다. 어찌 다시 술을 내올 것인가. 경들은 말하지 말라."

하연 등이 다시 아뢰었다.

"술은 오곡의 정기라 적당하게 마시고 그치면 참으로 좋은 약입니다. 정부 대신이 신 등으로 하여금 기필코 술을 드리도록 하였습니다. 엎드려 바라건대 신 등의 청을 굽어 좇으십시오."

임금이 이번에도 허락하지 않았다. 하연이 굳이 청하기를 네댓 번을 하고, 민의생은 눈물까지 흘렸으며, 승지들도 술을 권하였다. 그럼에도 임금은 거절하며 말했다.

"내가 마땅히 요량하여 마시겠다."

며칠 후에 의정부 참찬參贊 박안신朴安臣과 예조 참의 임종선任從善 등이 거듭 술 드시기를 청하자 마지못해 요청을 받아들여 술을 마셨다. 음주를 둘러싸고 벌어진 세종과 신하들의 한판 싸움은 이렇게 신하들의 판정승으로 끝나곤 하였다.

숭음풍조의 만연

조선 초기 – 전국이 술 마시기에 여념이 없다

위로는 고위 관료들로부터 아래로는 백성들에 이르기까지 술을 마시는 풍조가 조선 시대에 널리 퍼져 있었다. 술 마시기를 좋아하고 즐기는 것을 당시 사람들은 술을 숭상한다는 의미의 숭음崇飮이라고까지 일컬었다. 이 같은 풍조는 건국 직후부터 나타나 나라의 큰 두통거리가 되었다.

태종 1년1401 1월에 올린 문하부門下府의 상소에 의하면 사대부들이 모여 싫도록 마시고, 급기야 쓸데없는 말을 하여 시비를 야기하는 일들이 많았다고 한다. 문하부에서는 사헌부로 하여금 엄중히 규찰하여 폐단을 막아야 한다고 건의하였다. 그해 4월에는 백성들이 술을 끊도록 하기 위해 임금이 술 마시기를 중지하기도 했다.

"비록 가뭄으로 인해 금주령을 내렸으나 술을 마시는 자가 그치지 않는다. 과인이 술을 끊지 않아서 그리된 것이다."

세종 때도 사람들은 여전히 술을 많이 마셨다. 세종 7년1425 12월 14일에 임금이 사헌부 집의執義 정연鄭淵에게 한 말에 당시의 음주 실태가 잘 드러나고 있다.

"내가 어젯밤에 경회루에 나가서 못가를 거닐었는데, 풍악 소리와 노랫소리가 밤새도록 그치지 아니하였다. 요사이 밤에 술 마시기를 좋아하는 것을 알 수 있다. 사헌부에서는 어찌하여 금지하지 않느냐. 내가 깊은 궁중에 있으면서도 오히려 소리를 들었는데, 그대들은 알지 못하였다고 말하겠느냐. 고려 말기에는 밤에 술 마시기를 좋아하여 그 폐풍이 극도에 이르렀다. 사헌부에서는 유의하라."

궁궐 밖에 사는 양반들이 밤에 술을 마시며 풍악을 울리고 노래하는 소리가 궁궐 안까지 들릴 정도였다는 것이다. 이틀 후 세종은 당시의 음주 실태에 대해 이렇게도 한탄하였다.

"이제 높고 낮은 관리들이 술잔치를 벌이고 떼를 지어 마시고 있어도 사헌부가 규찰하지 않는다. 정사의 밝지 않음과 기강의 해이함이 이보다 더할 수 있겠느냐."

사헌부에서는 밤에 잔치를 벌이고 술을 마시는 자들을 철저하게 단속하였다. 만약 밤에 술을 마시다가 발각되는 자가 있으면 그 지역을 순찰한 관원을 처벌하였다. 그런 조치에도 불구하고 그달에 좌의정 이원李原을 비롯한 대신과 공신의 자손 등 48명이 도총제都摠制 이순몽李順蒙의 집에 모여서 술을 마셨다가 발각되는 일이 일어났다. 그러나 그들은 공신의 자손이라는 이유로 대부분 처벌을 받지 않았다.

세종 19년1437에는 재상들이 농가에서 술판을 벌이다 적발되었으나 불문에 붙여진 적도 있었다. 강원도 관찰사 권맹손權孟孫이 판서 정연, 경기 관찰사 이사관李士寬, 좌부승지左副承旨 권채權採, 우부승지右副承旨 이계린李季疄, 동부승지同副承旨 성염조成念祖를 초청해서 철원 민가에 모여 술자리를 벌였다. 이때 사헌부 지평 이영상李寧商이 아전을 보내 염탐하고 그들을 탄핵하였다. 임금은 이영상을 불러 불문에 붙이도록 하였다. 이영상이 아뢰었다.

"이와 같은 일을 금하지 않는다면 앞으로 민폐가 많을 것입니다."
"큰 사건이 아니다. 비록 탄핵한다 하더라도 무슨 죄가 되겠는가."
임금은 역시 처벌에 반대하였다.

성종 때는 술을 마시는 풍조가 더욱 기승을 부렸다. 동왕 12년1481에 홍문관 부제학副提學 이맹현李孟賢이 올린 상소에 당시의 음주 실태가 매우 적나라하게 드러나고 있다.

"근래에는 태평한 날이 오래 계속되면서 인심이 해이해지고 안일에 젖어 주색에 빠지는 것을 일삼습니다. 종친의 집과 협기俠氣를 부리는 무리가 술에 취하여 실컷 즐기며 절도 없이 놀아서 청명한 정치에 누를 끼치는 것도 참으로 아름다운 일이 아닙니다. 게다가 정승과 판서와 백관들은 모두 관직이 있으므로 각각 직무에 충실해야 하는데도 직무를 버려두고 날마다 떼를 지어 마시는 것을 일삼습니다. 남보다 나으려고 힘쓰느라 비용은 따지지 않으며, 술은 반드시 상등 술이라야 하고, 과일은 반드시 진기한 것이라야 하며,

음식은 반드시 가짓수가 많아야 하고, 그릇은 반드시 중국 것이라 야 합니다. 또 행과行果라 하여 온갖 맛있는 음식을 많이 벌여 놓아 한 자리에 드는 비용이 걸핏하면 만전萬錢이나 됩니다. 그렇게 하 지 않으면 남들이 비루하게 여기므로 가난한 자가 발돋음하여 남 의 나쁜 버릇을 본떠 음식을 사치하게 하려면 모자라는 것이 없 을 수 없습니다. ……

관찰사는 한 도道를 맡고, 변장邊將은 한 진鎭을 맡으며, 수령守令과 만호萬戶는 각각 한 고을이나 한 영營을 맡아서 외적을 막습니다. 그 직임이 중대하고 직무가 바쁜데, 손님을 만나기만 하면 먼저 주색 으로 마음을 기쁘게 하려고 힘써 흠뻑 취합니다. 그 정도가 날로 심하여져서 제가 맡은 일을 멀리 버려둡니다. 술 마시기를 즐기는 폐해가 서울보다 더욱 심합니다. 지금의 시기를 잃고 바로잡지 않 으면 아마도 서진西晉의 풍속이 오늘날에 다시 일어날 것이니, 말 이 여기에 이르면 참으로 한심합니다."

당시 전국은 술 마시기에 여념이 없었다. 한양에서는 종친·정 승·판서 등의 고관부터 하급 관리들까지, 지방에서는 관찰사·수 령·장수 등이 모두 술 마기에 빠져 있었다. 일반 백성들도 술로 인 한 범죄나 분쟁 때문에 소송이 난무했다. 이맹현은 이런 폐단을 없애기 위하여 금주령을 엄하게 시행하고, 어기는 자는 임금의 명 령을 어긴 자를 처벌하는 법규인 제서유위율制書有違律로 처벌해야 한다고 건의하였다. 제서유위율을 위반한 죄는 곤장 100대를 치 도록 되어 있었다.

거듭된 조치에도 불구하고 음주 풍조는 계속 성행하였다. 성종 17년1486에 동지사同知事 김종직金宗直은 이렇게 아뢰어야만 했다.

"요즘 듣건대 조정의 관리들이 기생을 부르고 풍악을 울리며, 남녀가 섞여 앉아서 날마다 술에 빠져 취하기를 일삼는다 합니다. 청컨대 금하십시오."

관리들의 음주 실태를 비판하면서 금지시켜야 한다고 건의한 것이다. 임금은 의정부에 다음과 같이 명하였다.

"높고 낮은 관리들이 연회하기를 좋아하여 술에 방탕하고 풍악을 즐긴다고 한다. 관리들이 국법을 두려워하지 아니함이 여기에 이르렀다. 어찌 아름다운 풍습이겠는가? 전국에 알려 모두 금지하게 하라."

조선 중기 – 음주의 생활화

조선 중기에도 술 문제는 조정의 커다란 숙제 중 하나였다. 관료들의 상소는 당시의 실태를 잘 보여 준다. 먼저 중종 23년1528에 참찬관 이귀령李龜齡은 다음과 같이 아뢰었다.

"술 때문에 덕을 손상시키고 몸을 해치는 자가 많습니다. 주나라의 무왕武王은 이런 폐습을 고치려고 열심히 경계했습니다만, 술 때문에 나라를 잃은 자들이 얼마나 많았습니까? 지금 술 마시는 것을 숭상하는 풍조를 이루어 아랫사람들도 모두 본받고 있습니다. 비록 굶어 죽더라도 아랑곳하지 않고 양식을 들여 술을 마시니 엄히 금해야 합니다. 지방 각 고을이 쓰는 술 비용의 폐단도 서울에 비해 차이가 없습니다."

동시에 특진관特進官 김당金璫도 아뢰었다.

"술 마시는 것을 숭상함이 지금보다 심한 적은 없었습니다. 사대부로서 술 때문에 본성을 잃은 자도 더러 있습니다. 그렇기에 폐단이 아랫사람에게 미쳐 각사各司가 모두 그렇습니다."

술 마시는 풍조가 상하에 만연하여 흉년이 들어 굶어 죽는 한이 있어도 곡식으로 술을 빚어 먹었던 것이다. 그 폐단이 이루 말할 수 없이 컸다.

명종 때의 음주 실태는 동왕 18년1563 5월 7일에 임금이 내린 전교를 보면 잘 드러난다.

"무릇 일이란 적당함을 귀하게 여겨서 실로 지나쳐서는 안 된다. 술이 화禍가 되는 것은 예로부터 커서 옛 성인이 술 만드는 자를 소홀히 대하기도 하였고, 우리 조종조祖宗朝에서도 술을 경계한 글이 있었다. 후세에 내려오면서 인심과 풍속이 날로 바르지 못하여 그 화가 크다는 생각을 하지 않고 술 마시기를 숭상하는 것이 풍습이 되었다. 평상시 어느 곳에 술을 하사하면 왕명을 받드는 환관마저 공경하고 근신하는 자는 적고 거칠고 비루한 자가 많아서, 서로 권한다고 핑계하거나 왕명을 받든다고 빙자하여 취하여 쓰러진 뒤에야 끝낸다. 그러곤 다음날 오후에야 으레 결과를 보고하니 온당치 못하다. 술을 잘 마시는 자는 못 마시는 자를 비웃고, 못 마시는 자는 잘 마시는 자를 다투어 본받아서 그 화가 큰 것을 모르니 참으로 탄식할 만하다. 매번 내의원內醫院의 술 빚는 일을 보면 다음 달 쌀을 끌어다 써서 술 빚는 양이 지나친 것 같다. 그러나 나라에서 쓰는 것에 관계되어 부득이 이와 같이 했을 것이다. 일이 없을 때는 짐작하여 지나치게 하지 말고 미리 적당하게 헤아려 부족하지 않게만 해야 한다."

명종 때도 술을 숭상하는 풍조가 여전하였다. 술을 잘 마시는 자는 못 마시는 자를 비웃고, 못 마시는 자는 잘 마시는 자를 본받는다는 것이다. 임금이 하사하는 술을 관리들에게 전달하면서 술에 만취하는 환관들도 많았던 모양이다.

한편 당시에는 매일 아침저녁으로 부모에게 술을 올리는 것이 효도로 인식되고 있었다. 중종 27년1532 충청도 괴산 사람인 전 직장直長 김여성金礪成이 효성으로 상을 받았다. 아침저녁으로 반드시 술과 안주를 갖추어 부모를 봉양하였기 때문이다. 이것을 보면 조선 시대의 노인들은 아침과 저녁에 항상 술을 반주로 마셨음을 알 수 있다. 그만큼 음주가 생활화되어 있었다.

조선 후기 – 한양에 술집이 차고 넘치다

정조 14년1790에 대사간大司諫 홍병성洪秉聖이 상소한 내용을 보면 당시 한양에 술집이 매우 많았음을 알게 된다.

"국가를 다스리는 계책은 재정을 넉넉히 하기보다 좋은 것이 없는데, 식량 낭비는 술보다 더한 것이 없습니다. 근래 도성 안에 큰 술집이 골목에 차고 작은 술집이 처마를 잇대어 온 나라가 미친 듯이 오로지 술 마시기만 일삼고 있습니다. 이는 풍습을 잘 교화하는 일만 손상시킬 뿐 아니라, 실로 하늘이 만들어 준 물건을 그대로 삼켜 버리는 구멍이 되고 있습니다. 마땅히 너무 심한 것은 제거할 생각을 하여 세상 사람들로 하여금 조금이나마 나라의 금주령을 알게 한다면, 몇 달 만에 한양의 5부 안에서 몇 만 섬의 곡식을 얻어 낼 것입니다. 어찌 작은 보탬이겠습니까.”

이런 실정이다 보니 관리들까지 업무를 소홀히 하는 경우가 많아 조정의 큰 근심거리가 되었다.

인조 9년1631 6월 1일 신하를 불러 정사 등을 논의하는 소대召對를 임금이 명하여 《서경》의 '주고' 편을 강하였다. 이때 부제학 최명길崔鳴吉이 여전한 숭음 풍조를 개탄하였다.

"술에 빠지는 일은 고금의 공통된 근심거리인데, 근래 사대부들 사이에 이런 습성이 있습니다. 어찌 염려되지 않겠습니까.”

임금은 그 말에 동의하면서 이렇게 언급하였다.

"술은 덕을 잃고 품위를 손상하게 할 뿐만 아니라, 끝내는 몸을 망치는 데 이르게 한다. 그런데도 심한 자는 가는 곳마다 술을 찾으면서 구차함도 따지지 않는다. 어찌 염치에 손상되는 일이 아니겠는가. 손님을 접대하고 제사를 지내기 위해 술이 없을 수는 없지만, 그 화가 매우 크다.”

최명길이 다시 아뢰었다.

"백성들 사이에 잔치를 하는 자가 매우 많은데, 심지어 지방 사람들 중에는 이런 흉년을 만나서도 살림은 헤아리지 않고 먹고 마시기를 일삼는다고 합니다. 매우 놀라운 일입니다.”

역시 예전과 마찬가지로 흉년에도 살림을 돌보지 않고 먹고 마시는 일에만 열중하는 자들이 많았던 것이다.

효종 때도 술을 숭상하는 풍조는 사라지지 않았다. 효종 3년 1652 8월 어느 날의 주강에서 지경연사知經筵事 오준吳竣이 말하였다.

"근래 사대부를 보면 술을 숭상하는 자가 많습니다. 옛일에 따라 금주령을 선포해야 하겠습니다.”

효종 8년1657 9월에도 임금이 주강에 나가 《시경詩經》의 〈빈지초연장賓之初筵章〉을 강하였다. 이때 지경연사 허적許積이 아뢰었다.

"이 시는 위나라 무공武公이 지난 과오를 뉘우쳐 지은 시입니다. 요즈음 사람들은 술로 인한 잘못이 있어도 뉘우치고 경계할 줄을 아는 자들이 드뭅니다."

그러자 임금이 일렀다.

"근래 사대부들이 술 마시기를 숭상하는 버릇이 더욱 심해지고 있다."

숙종 때는 특히 관료들의 음주가 심각하여 질책하는 전교를 여러 차례 내려야 했다. 숙종 9년1683에 하달한 전교에서는 관료들의 술 마시는 풍조를 다음과 같이 질타하였다.

"내가 생각하건대 나라를 멸망시키고 몸을 망치는 화는 한 가지 길로 찾을 바가 아니지만, 예나 지금이나 술에 빠져서 그 덕을 뒤집어엎지 않음이 없었다. 우리 조종祖宗께서 이를 깊이 근심하고 염려하셔서 정성스럽게 타일러 술의 화에 대비하신 것이 매우 간절하였다. 그런데 근일에 여러 신료들이 역대의 임금들께서 남기신 뜻을 본받지 않고 모여서 술 마시기만 일삼는다. 술을 과음하여 심한 주정으로 시일을 보내면서 위로는 나라의 일을 도외시하고, 아래로는 부형父兄들에게 근심을 끼치며, 심지어는 패가망신에 이르면서도 태연스럽게 경계할 줄을 알지 못한다. 어찌 크게 한심스럽지 아니한가? 더구나 지금은 하늘이 위에서 성내고, 백성들이 아래에서 원망하고 있다. 군신 상하가 새벽부터 밤까지 부지런히 한마음으로 정치를 도모하여도 오히려 일이 이루어지지 못할까 두렵다. 하물며 어찌 감히 덕과 예는 생각하지 않고 술에 방종하여서 일을 폐기하기를 이와 같이 방자하고 무엄하게 할 수가 있겠는가? 또한 해마다 큰 역사役事가 있어서 정부와 민간이 텅 비어 있는 날에 술과 단술을 만들기 위하여 곡식을 소비하는 것은 낭비를 절약해 줄이는 방법이 아님을 알아야 한다. 여러 신료들은 빨리 이 뜻을 본받아 술 마시는 것을 아주 끊어 버리고 직책에 부지런하여 시국의 어려움을 널리 구제하도록 하라. 혹시 금령禁令이 없다고 하여 오히려 전일의 습관을 그대로 따른다면 명령을 어긴 벌을 면하기 어려울 것이다. 모두 마땅히 자세히 알도록 하라."

임금은 관료들이 술에 빠져 나라 일을 도외시하고, 부모와 형제들에게 걱정을 끼치며, 패가망신하는 자들까지 있음을 심히 개탄하였던 것이다.

연회와 음주

조선 시대에는 새로 부임하는 관원을 위한 환영연은 물론, 같이 근무하던 동료가 떠날 때 여는 전별연도 널리 행해졌다. 이 때문에 과도한 음주 등의 폐단이 많이 생기자 세종은 동왕 9년1427에 금지하는 명령을 내렸다. 평상시뿐만 아니라 환영과 전별을 한다고 모여 술 마시는 것을 금하라는 명령이었다. 명령에도 불구하고 대신 등의 고관들이 공공연히 모여서 풍악을 울리며 술을 마시는 일이 빈번하게 일어났다. 결국 세종 16년1434 7월에는 사헌부에서 이를 지적하는 보고를 하기에 이르렀다.

"관리들이 영접하고 전별할 때 모여서 술 마시는 일은 이미 금령이 있는데, 나라를 근심하는 대신들이 공공연히 모여서 풍악을 갖추고 술을 마십니다. 그 방자하고 거만하며 기탄없음은 무엇이 이보다 심하겠습니까."

와중에 임금을 가장 가까이에서 모시는 승지들이 술을 마시는 사건도 일어났다. 그해 8월 초에 좌승지左承旨 권맹손, 좌부승지 정갑손鄭甲孫, 우부승지 윤형尹炯, 동부승지 황치신黃致身 등이 전별을 빙자하고 모여 풍악을 울리며 술을 마셨다. 그들은 밤에 주자소鑄字所에서 술을 마시고, 이어서 상중에 있는 액정서掖庭署 사약司鑰 이하李夏의 집으로 옮겨 각도의 관찰사들을 위한 전별주를 마셨다. 그 사실을 적발한 사헌부에서 그들을 탄핵하였다.

"바야흐로 기후가 불순하여 전하께서 밤낮으로 염려하시는 때에 근신近臣으로서 지극하신 뜻을 본받지 않고, 손님 전송을 빙자하여 공공연하게 천인賤人의 집에 모여서 광대와 기생을 불러 풍악을 울리고 쇠고기를 썼습니다. 진실로 부당합니다."

임금이 승지들에게 일렀다.

"높은 벼슬아치의 연회에 광대와 기생이 참석하는 것은 예사여서 내가 어찌 허물하랴. 다만 승지는 명령을 받아들이고 전하는 직책을 맡아 다른 신하에 비할 바가 아니며, 권세와 중요함이 정승의 위에 있다. 그런데 권맹손 등이 내가 천재天災를 두려워하고 삼가는 뜻을 생각하지 않고 천한 사람의 집에 모여서 방자하게 잔치를 벌였다."

이어서 임금은 마땅히 그들을 모두 파면해야 하지만 사람을 얻기가 어렵다고 하면서 권맹손과 황치신만 파직시키고, 정갑손과 윤형은 벌을 주지 않고 벼슬에 나아가라고 명하였다.

며칠 후에도 고관들이 전별연을 벌여 질펀하게 마신 사건이 발생하였다. 이순몽이 경상도 도절제사都節制使가 되고, 조종생趙從生은 전라도 관찰사가 되었다. 그러자 대호군大護軍 박거비朴去非와 사직司直 홍거안洪居安이 함께 홍거안의 집에 모여 잔치를 베풀고 이순몽과 조종생을 초청하여 전별하였다. 홍거안과 같은 마을에 사는 전 판서 박신朴信, 참찬 이맹균李孟畇, 첨지중추원사僉知中樞院事 민의생, 이조 참의 권복權復 등도 와서 모였고, 판전농시사判典農寺事 김간金艮, 전 남양 부사府使 윤창尹敞, 박거비의 아우인 부사정副司正 박거소朴去疎도 와서 참석하였다. 권복은 음악을 담당한 관습도감慣習都監의 부제조副提調를 겸임하고 있어서 도감 소속의 기생과 광대들을 불러 풍악을 울리게 하였다. 사헌부에서 전말을 듣고 그들을 탄핵하고 처벌할 것을 임금에게 청하였다.

"영접과 전별을 위해 모여서 술 마시는 것을 금하는 법령을 이미 시행하고 있습니다. 또한 이제 장맛비가 재앙이 되어 전하께서 걱정하시는 때에 대신들이 풍악을 울리며 잔치하고 마셨습니다."

임금은 이순몽, 이맹균, 조종생, 민의생, 권복 등을 파직하고 김간과 박거소는 공신의 아들이라 벼슬만 파면했다. 박거비도 공신의 아들이어서 벼슬아치의 임명장인 직첩職牒만 거두었다. 홍거안은 곤장 70대에 처하고, 박신과 윤창은 전직 관리이기에 처벌하지 않았다.

전별연이나 환영연 외에도 조선 시대에는 여러 가지 연회가 열려 술잔치가 벌어졌다. 연말이 되면 망년회니, 송년회니 하면서 친지나 직장 동료들이 모여 거나하게 술을 마시는 요즘의 풍속처럼 조선 초기에도 각 관청에서 매년 연말에 분리연分離宴이라는 송년회를 열었다. 공신들을 위하여 대궐이나 공신의 자택에서 공신연功臣宴을 열기도 했다.

세조 4년1458에 운성부원군雲城府院君 박종우朴從愚가 집에서 공신연을 베풀자 임금이 술과 음악을 내려 주었다. 이로부터 공신들이 차례로 잔치를 베풀게 되었다고 한다. 이듬해에는 동부승지 이극감李克堪이 집에서 공신연을 열자 임금이 술을 내려 주었고, 공신과 재상, 승지 등이 잔치에 참여하였다. 그 후에는 경복궁의 사정전이나 창덕궁의 인정전仁政殿 등에서 임금이 참석한 가운데 공신연이 벌어지기도 했다.

임금이 참석하는 활쏘기 행사인 관사觀射도 자주 열었는데, 이때만은 금주 기간이라도 술을 허용하곤 했다. 결혼식이나 회갑연에도 어김없이 잔치가 열렸다.

연회에는 술이 빠질 수 없는 법. 잦은 잔치에 참석하느라 당시 사람들은 현대인들에 비하여 훨씬 더 빈번하고 과도한 음주에 시달려야 했으리라.

손님들이 음식을 가지고 가서 함께 마시다

당시에는 손님들을 자기 집에 초대하여 잔치를 베푸는 경우가 많았다. 이때 참석하는 사람들은 각기 술과 안주를 가지고 와서 나누어 먹었다.

세종 7년1425 11월에도 대호군 고득종高得宗이 승지들을 자기 집에 맞이하다가 잔치를 베풀었는데, 곽존중郭存中 등의 승지들이 술과 안주를 갖추어 가지고 와서 모였다고 한다. 다음 달에도 도총제 이순몽이 손님을 청하여 풍악을 울리며 술잔치를 벌이는 자리에 호조 판서 안순安純 등 48명이 각기 술과 안주를 준비해 가지고 갔다.

효종 때는 병조 판서가 술과 안주를 가지고 영의정의 집에 가서 마셨다가 탄핵을 받은 일도 있었다. 효종 5년1654 2월 어느 날 병조 판서 원두표元斗杓가 술과 안주를 준비하고 기생과 풍악을 챙겨 영의정 정태화鄭太和의 집으로 가서 한바탕 잔치를 벌였다. 그러자 사간원司諫院 정언正言 이상진李尙眞이 상소를 올려 탄핵하였다.

"품계가 높은 중신이 어떻게 감히 술과 안주와 기악妓樂을 준비하여 대신에게 아첨할 수 있으며, 대신도 또한 어떻게 그것을 받을 수 있습니까. 조정의 기강이 이처럼 무너졌는데도 사람들이 괴이하게 여기지 않고 오히려 말하는 사람이 없습니다. 나약한 풍습이 더욱 한탄스럽습니다."

사헌부의 탄핵을 받은 정태화와 원두표가 사직을 청하였으나 임금이 허락하지 않았다.

금주령의 허상

금주령 시행의 명분

　조선 시대에는 소, 술, 소나무에 대한 세 가지의 큰 금법禁法이 있었다. 곧 금우禁牛, 금주禁酒, 금송禁松이 그것이다. 그중 시종 가장 커다란 문제가 되었던 것은 바로 금주였다.
　동양에서는 고대 이래로 술을 금하는 이유를 대체로 다음과 같이 생각하고 있었다. 첫째는 사람의 성품을 기르고 재앙과 난리의 근원을 막는 것이다. 고대인들은 무엇보다 술 취하지 않는 것을 중시하였다. 《서경》의 '술은 오직 제사 때만 마실 것이며, 취하지 않도록 하라'와 《예기禮記》의 '한 잔 드리는 예는 손님이나 주인이 백 번 절하고 마시는 것이라 종일 마셔도 취하지 않는다'라는 가르침을 가장 귀하게 여겼기 때문이다. 둘째는 가뭄이나 홍수 등의 재해를 만났을 때 곡식 소모를 막고 저축하려는 것이다. 셋째는 국가의 재정을 보충하기 위하여 개인의 양조를 금하고 나라에서 전매하여 이익을 취하려는 것이다. 조선 왕조에서도 대체로 이런 이유로 건국 직후부터 금주령을 실시하였다.

그 외에 고려 말에 겪은 음주 폐해를 반성하는 측면도 있다. 태조 4년1395 4월에 올린 사헌부의 상소를 보자.

"고려 말에 기강이 무너지고 예제禮制가 허물어져서 사대부들이 모두 옛날 진晉나라 사람의 풍류를 따르고 있습니다. 쑥대머리로 술을 마시는 것을 스스로 마음이 넓고 달통한 사람이라 여기고, 예법을 폐기하고 세상만사를 잊어버립니다. 서민들이 또한 본받아 드디어 풍속이 되어 지금까지 고쳐지지 않고 있습니다."

그다음은 사치를 없애려는 목적이 있었다. 앞에서 살펴본 사헌부의 상소에 잘 드러나고 있다.

"손님을 대접하는 집을 보면 지위의 고하를 막론하고 사치만 서로 숭상하여 여러 날 동안 준비합니다. 술이 궐내에서 쓰는 법주가 아니거나, 과자가 진기한 것이 아니거나, 그릇이 상에 가득 차지 않으면 감히 손님을 청하지도 않습니다. 이것이 어찌 재물만 허비할 뿐이겠습니까? 심한 자는 한 번에 두어 말의 술을 마시고 여러 날 동안 정신없이 취하여 시간을 모르고 일을 폐하는 데까지 이르고 있습니다."

이런저런 이유로 태조 4년부터 금주령을 마련하여 시행하게 되었다. 양반들은 관직의 고하를 막론하고 5명 이상의 사람들이 모여서 함부로 술을 마시는 회음會飮을 금하여 사무를 폐하는 일이 없게 했다. 공인工人, 상인, 천민들도 떼를 지어 술을 마시는 것을 금하도록 하여 영구한 법령으로 삼도록 했다. 만약 어기는 자가 있으면 죄를 다스려서 크게 징계토록 하였다. 조선의 금주령은 음주를 전면적으로 금지한 것이 아니라, 여러 사람들이 모여서 왁자지껄하게 마시는 것을 막는 데에 초점이 놓여 있었다.

금주령의 예외 조항

금주령이 시행되더라도 예외 조항이 매우 많아 제대로 시행하기가 어려웠다. 우선 임금이 베푸는 연회, 국가 제사, 외국 사신 접대 등은 예외적으로 금주령의 적용을 받지 않았다. 나라에서 꼭 필요한 일에 사용하는 술은 금주와 관계없이 항상 필수적으로 양조하여 준비했다. 그다음 늙고 병들어서 약으로 먹는 경우와 친지를 영접하고 환송하는 경우, 과거 합격자의 유가 시에도 예외적으로 술을 허용하였다. 집안의 혼인, 장례, 제사, 환갑 등의 행사가 있어도 술을 사용할 수 있었다.

태종 7년1407에 금주령을 내리면서 늙고 병들어 약으로 먹거나 마을에서 술을 팔아 살아가는 가난한 자는 한계에 두지 않도록 했다. 세종 2년1420에는 비록 술을 금하는 기간이라도 부모 형제를 맞이하거나 전송할 때, 늙고 병든 사람이 약으로 마실 때, 이를 위하여 매매하는 자는 금하지 말라고 했다. 단지 놀기 위하여 술을 마시는 자와 다른 사람을 맞이하고 전송하느라고 마시거나 매매하는 자는 일체 금지하라고 명하였던 것이다. 이듬해에는 산소에서도 술을 쓰지 말고 차를 쓰도록 하기를 예조에서 청하였으나, 임금이 제사에 사용하는 술은 금하지 말라고 명령한 일이 있다.

제사를 드릴 때의 음주를 금하지 않다 보니 여러 가지 폐단도 나타났다. 세종 12년1430 사헌부의 보고에 의하면, 무식한 무리들이 제사한다고 핑계하고 술과 음식을 많이 준비하고는 남녀가 모여서 술에 취하고, 방자하게 거리에서 노래하고 춤추기까지 하는 상황이 벌어지고 있었다. 사헌부에서는 제사를 드릴 때 집안사람 외에 다른 사람이 참석하는 것을 금해야 한다고 건의하여 윤허를 받았다.

조선 시대에는 활쏘기 장소에서 활을 쏘는 사람들이 마시는 술을 허용하였다. 단종 3년1455 6월 병조의 건의에 따라 술을 금하고 있더라도 활을 쏘기 위하여 마시는 술은 금하지 말도록 했다. 활쏘기 장소의 음주를 허용하자 이를 구실로 술을 마시는 자들이 많았다. 세조 4년1458에 활을 쏘는 자의 음주를 금하지 말라는 왕명을 내리자 활쏘기를 빙자하여 집 밖에서 술병을 들고 음주하는 자들이 많아져서 다시 금하는 전교를 내려야 했다.

금주령을 엄하게 시행하려다 약간의 문제도 생겼다. 임금의 특명을 받은 관리가 지방에 내려가도 지방의 관찰사나 수령이 금주령을 위반할까 두려워 감히 술을 대접하지 못하는 일도 생겨났다. 세종 4년1422에는 중앙에서 관리가 오면 관찰사가 적당한 형편에 따라 술을 대접할 수 있도록 해달라고 전라도 관찰사가 청하여 임금의 윤허를 받았다. 그 후 각 도에서도 그렇게 하게 되었다.

이와 함께 세종은 사신과 관련된 평안도 관찰사의 건의를 수용하였다. 중국에 들어가는 조선 사신이 오면 사정에 따라 적당하게 술을 먹이게 하고, 그들이 갔다가 돌아와 평안도 의주에 이르거나 숙소에 머물 때 술을 대접할 수 있도록 허용하였다.

앞에서 살펴본 다양한 예외 조항 때문에 처음부터 금주령을 철저하게 시행할 수가 없었다. 임금들도 상황에 따라 적절하게 금주령을 집행하도록 신하들에게 지시하곤 했다. 태조 3년1394에 사헌부에서 금주를 지나치게 엄하게 단속하자 임금이 담당 관리를 불러 내린 명령에서 이런 실정이 잘 엿보인다.

"병이 있는 자는 간혹 술을 약으로 마시게 되는데 일괄적으로 금령을 범한 죄로 처벌하는 것이 옳은가? 금주는 잔치를 베풀어 술을 마시고 몹시 취하지 못하게 하는 데 그쳐야 할 것이다."

태조는 병이 있는 자들이 약으로 술을 마시는 경우가 있다며 잔치를 열어 취하도록 마시는 행위 외에는 술을 금지하지 말라고 했던 것이다.

투철한 애민 정신으로 선정을 베푼 세종도 태조와 마찬가지로 금주령을 완화하여 탄력적으로 운용하려 했다. 동왕 10년1428 사헌부 집의 황보인皇甫仁이 술을 금해야 한다고 청하자 임금이 금주령 반대의 뜻을 나타낸 적이 있다.

"내가 술을 마시지 않으면서 술을 금지한다면 옳지만, 위에서는 시행하지 않으면서 다만 밑으로 백성들만 금한다면 위반하는 사람이 많을 것이며, 소송이 번거로울 것이다. 더구나 형벌을 가볍게 하고 금령을 늦추는 것도 가뭄의 재해를 구하는 한 가지의 정책이다."

탁주를 마신 힘없는 백성들만 걸려들다

조정에서는 수시로 금주령을 내려 술을 마시는 자와 술 빚는 자를 엄히 단속하고자 했지만, 체포되거나 처벌을 받는 자들은 대부분 힘없는 백성들뿐이었다. 이런 현상은 이미 조선 초기부터 나타났다. 태종 5년1405에 임금이 사헌부의 담당 관리를 불러서 질책한 말을 보자.

"술을 마시다가 금주령 위반으로 잡힌 자는 모두 미천한 사람들뿐이다. 과연 관리들은 모두 술을 마시지 않는가?"

그러면서 태종은 앞으로 여러 사람들이 잔치에 모여서 마시는 연음宴飮 외에는 술을 금하지 말라고 금주령 완화를 명하였다.

세종 때도 같은 일이 반복되었다. 동왕 2년1420에도 술을 금지할 적마다 청주를 마시는 양반 사대부들은 걸리지 않고, 탁주를 마시는 백성이나 그것을 사고파는 자들만 걸린다는 임금의 지적이 있었다. 당시 청주나 소주는 양반 사대부들이 마시는 고급술이었고, 탁주는 일반 백성들이나 마시는 술이었다.

세종 4년1422에는 흉년으로 인해 특별히 교지를 내려 술을 금하였다. 금령을 범한 자는 제서유위율에 의하여 엄중하게 처벌하고자 했다. 그러나 시행에는 여전히 이전과 같은 문제점이 노출되었다.

"술을 금하는 이유는 본래 흉년이기 때문이다. 지금 세력 있는 자는 한 사람도 금령을 범한 죄로 잡힌 자가 없고, 무지한 빈민만이 홀로 중한 형벌을 받아 매우 부당한 일이다."

그리하여 임금은 금주령을 어긴 자에 대한 처벌을 완화하도록 지시하였다.

같은 해 4월에는 금주령을 시행하였다가 탁주를 파는 자만 잡히자 임금이 금주령을 정지시키기도 하였다. 세종 11년₁₄₂₉에는 금주령을 청하는 상소를 임금이 허락하지 않았다.

"단속을 세밀하게 하지 못하여 종종 빈궁한 자가 우연히 탁주를 마시다가 붙잡히는 수가 있고, 세력 있고 부유한 자는 날마다 마셔도 감히 누가 뭐라고 말하지 못한다. 매우 고르지 못하므로 금하지 않는 것이 옳다."

힘 있는 양반 사대부를 단속하기 어려운 이유에 대해 세종 7년 1425 12월에 사헌부 집의 정연은 이렇게 말한 적이 있다.

"평민의 집은 쉽게 수색하고 체포할 수 있으나, 관리들의 집은 집안이 깊숙하고 튼튼하게 지키고 있어 법을 집행하는 관리도 들어갈 수 없습니다."

여러 이유로 금주 단속이 잘 이루어지지 않자 중종 때는 금주 단속의 부실을 자책하여 사헌부 관리 전원이 사직을 청한 적도 있다. 중종 20년₁₅₂₅ 4월에 일어난 일이다.

"경연에서 대신이 '모여서 술 마시다 잡히는 사람은 모두 가난하고 약한 사람들이다'라고 한 말이 지당하였습니다. 신 등이 능히 소임을 감당하지 못한 탓이어서 관직에 있기 미안하므로 사직을 청합니다."

"대신이 아뢴 말은 사대부들 가운데 금주령을 위반하여 벌을 받은 사람이 없고, 벌을 받은 사람은 단지 가난하고 약한 사람들이어서 원통함이 없지 않다고 한 것이다. 사헌부가 직무를 감당하지 못하고 있다는 말은 아니므로 사직하지 말라."

그 후에도 금주령이 잘 시행되지 않아 이듬해 2월 시강관侍講官

심언경沈彦慶이 아뢰었다.

"요사이 아래에서 법을 준행하지 않아 위에서 금지하는 영을 되풀이하여 내려도 소용이 없습니다. 조정에 술 금지하는 영이 있지만, 민간에서는 마음대로 술 마시고 잔치하며, 저자에서는 기탄없이 판매합니다. 법을 준행하지 않음은 오늘날의 큰 폐단입니다."

약한 백성들만 잡혀서 처벌받는 상황은 조선 후기에도 변함없었다. 정조 18년1794 임금은 금주령을 더 이상 행할 수 없는 상황까지 이르렀음을 한탄하였다.

"술이 곡물을 많이 허비하여 금지가 좋은 방법인 줄을 모르는 바가 아니다. 그러나 행하기 어려운 명령은 결국 할 수 없다. 술병을 끌고 다니며 사고파는 자들은 거의 양반집이어서 법을 집행하는 관리들이 감히 조사할 수 없다. 붙잡아 들이는 자는 가난하여 하소연할 데 없는 백성들뿐이다. 어찌 이런 금법이 있을 수 있는가."

조선 말기까지도 상황은 그대로 이어졌다. 순조 32년1832에 내린 임금의 전교에 실정이 잘 나타나고 있다.

"전후의 금주령이 매번 처음에는 잘되다가 마지막에는 흐지부지하며, 이름만 있고 실속이 없다. 백성에게 유리하게 하자는 것이 도리어 백성을 소란스럽게 하는 데에 돌아갔다. 법을 집행하는 기관에서 법을 다루면서 강한 자는 놓아 주고 약한 자만 처벌하는 일이 다시 있게 되었다. 여기에서 나라의 기강이 날로 무너지고 있음을 볼 수 있다."

고종 14년1877에 전 장령 곽기락郭基洛이 올린 상소에도 앞 시대와 같은 문제점이 변함없이 나타나고 있다.

"금주의 문제는 사실 흉년에서 벗어나도록 도와주는 중요한 정사와 관련됩니다. 신하들은 마땅히 전하의 뜻을 잘 받들어 행해야 할 것입니다. 그러나 사대부들의 집에는 술독과 술항아리가 서로 접해 있고, 세력 있고 부유한 집들은 큰 규모로 술을 빚는 일이 줄지어 있습니다. 간혹 적발되는 사람이 있지만 단지 지류支流들일 뿐입니다. 나라의 법이 귀족들에게는 시행되지 않고 유독 천한 사람들에게만 시행됩니까?"

고종도 동감을 표시하면서 권세 있는 자들이 먼저 법을 위반하여 스스로 법을 능멸한다고 개탄하였다.

조선 왕조는 건국 직후부터 금주령을 내려 술을 금지하였다. 다만 법을 무시하는 힘 있는 자들과 법을 집행하는 관리들의 단속 부실로 힘없는 백성들만 단속되는 상황이 줄곧 계속되었던 것이다.

술병을 가지고 다니지 말라

조선 시대에는 금주령을 내리면서 사람들이 술병을 들고 밖에 돌아다니지 못하게 하는 조치를 병행하기도 했다. 당시에는 병에 담은 술을 병주甁酒나 주병酒甁이라 했다. 집에서 술을 담아 가든, 술집에서 사 가든 술병을 가지고 밖에 돌아다니면서 마시는 행위를 금지하였다. 집 안에서 마시는 술은 단속이 어려워 대신 밖에서 술병을 가지고 다니며 마시는 행동을 막아 보려는 궁여지책이었다. 물론 혼인, 장례, 제사와 노병에 약으로 마시거나 활쏘기장소에서는 술병을 지니는 것이 허용되었다. 조치는 초기부터 시행되었으나 솔선수범해야 할 임금부터 잘 지키지 않는 이유 등으로 해서 만족스러운 성과를 거두기는 애초부터 어려운 일이었다.

태종 7년1407 8월에 금주령을 내리면서 각 관청에서 술병을 지니는 것을 일절 금지한 바 있다. 3년 후인 동왕 10년1410 1월에 오히려 임금이 의정부 대신들에게 술병을 하사하는 일이 있었다. 그 당시 임금은 아래와 같이 말하면서 술병을 주었다고 한다.

"비록 금주령이 있기는 하지만 궁중에서 아직 술을 끊지 않았고, 의정부 대신들이 나이가 많아 술이 없을 수 없다."

그러다 보니 일반 백성들조차 술병을 가지고 교외에 나가 마시는 일이 빈번하게 발생하였다. 세조 3년1457에 내린 전교에서 가뭄이 심하여 경계하고 조심할 시기인데도 어리석은 백성들이 술병을 가지고 교외에 나가 마음대로 마시면서 방자하게 놀고 있다고 지적하였다. 임금은 집에서 마시는 술 이외에 술병을 가지고 가는 것을 일체 금지하라는 어명을 다시 내려야 했다. 세조 4년1458에는 집 밖에서 술병을 들고 음주하는 것을 한결같이 금하라는 전교가 내려져 활 쏘는 자들의 음주도 금지된 적이 있다.

여러 조치에도 불구하고 술병 휴대를 막기는 현실적으로 매우 어려운 일이었다. 성종 13년1482 5월 사헌부 집의 강귀손姜龜孫이 비가 내리지 않고 있으니 술병을 가지고 다니는 것을 모두 금하게 해야 한다고 건의했다. 임금은 술병을 금하기가 번거롭고 마땅치 못한 일이라며 반대의 뜻을 나타내었다.

그 후에도 술병 휴대 금지법은 계속 시행되었으나 여전히 신통치 못하였다. 중종 20년1525에는 한 발 후퇴하여 술 한 병만을 들고 다니는 것은 허용하는 조치가 내려지기도 했다. 이를 악용하여 술이 아무리 많아도 반드시 병으로 운반하는 자들이 생겨났다. 한 병씩 여러 차례 운반하면 많은 양의 술을 옮길 수 있기 때문이다.

술주정하는 것만을 금하라

  조선 후기에도 금주령이 자주 내려졌으나 시행은 여전히 어려운 과제였다. 영조 5년1729 8월 임금이 신하들과 함께 금주령에 대하여 논의하던 중 현실적 문제점을 언급한 부분에서 사정을 엿볼 수 있다. 영조는 백성들이 술을 못 사도록 하고 있지만, 큰 제사에 쓸 술마저 금지하여 시행되기 어려울 것이라고 하였다. 또한 비변사備邊司의 말을 빌려, 손님을 접대할 때는 술을 쓰도록 허락하면서도 술을 빚는 일은 금지하고 있지만, 경대부卿大夫 등의 고위 관리들은 이미 심하게 빚고 있어 백성들에게 금지할 수 없다고 했다.
  영조는 금주령 때문에 민원이 적지 않다고 하면서 잘 시행되지 못하고 있는 실정을 다음과 같이 토로하기도 했다.
  "전라도 관찰사 이광덕李匡德은 엄중하게 금하므로 술을 빚는 일이 끊어졌다고 한다. 이광덕은 혹독하기 때문에 전라도를 호령할 수 있지만, 나는 혹독하지 못해 명령이 시행되지 않아서 술을 없애지 못하는 것이다."
  영조의 말을 들은 검토관 유엄柳儼이 아뢰었다.
  "술이 비록 곡식을 허비하기는 하지만, 백성들이 살아가는 길이 술에 힘입는 수가 많습니다. 또 한양에서 수색하여 고발할 때의 폐단이 매우 심합니다. 이제부터는 단지 술주정만 금지하고, 속전贖錢을 징수하지 말도록 하며, 술항아리를 수색해서 고발하는 폐단을 제거하는 것이 좋을 듯합니다."

유엄은 금주가 폐단이 많아 앞으로는 술주정만을 금지하고, 죄를 면하기 위하여 바치는 돈인 속전을 징수하지 않아야 한다고 건의하였다. 임금이 받아들여 금주령을 없애고 다만 술주정만을 금하도록 하라고 명하였다.

금주령을 전면적으로 철저하게 실시하는 것은 유교 사회가 지닌 각종 의례적 제약이나 예외 규정으로 인해 처음부터 어려운 일이었다. 조선 후기에 들어서서는 술주정만을 금하는 선으로 후퇴하지 않으면 안 되었던 것이다.

술주정을 금하는 조치는 계속 실시되었다. 순조 10년1810에는 좌의정 김재찬金載瓚이 풍년이 들어 금주령을 완화하기를 청하면서도 많은 양의 술을 빚거나 술주정은 엄격하게 금지해야 한다고 건의하여 윤허를 받았다.

고기와 생선 안주를 금지하다

정조 때 한양에는 동네마다 술을 빚는 집인 양호釀戶가 2~3호씩은 꼭 있었던 모양이다. 가을철에 치솟는 쌀값의 안정을 위해 양호를 금해야 한다는 주장이 제기된 적이 있다. 정조 16년1792에 사간원 정언 이명연李明淵이 처음 건의하였다. 그는 가을철에도 쌀값이 매우 높아 겨울과 봄에는 더욱 치솟을 것이라며, 쌀값을 바로잡을 다른 방책이 없다면 우선 낭비되는 구멍을 막아야 한다고 했다. 그러면서 가장 낭비가 심한 양호를 단속해야 한다고 건의하였던 것이다. 반면 임금은 금주령에 소극적이었다.

"곡식 낭비는 술 빚기보다 심한 것이 없다. 그러나 명령만 내리고 일절 금지시키지 못하는 것보다는 차라리 신중히 하는 편이 낫다. 이 때문에 지금까지 명령을 내리지 않고 있었다. 양조를 경계하고 술주정을 금지하는 것은 본래 법전에 있는 일이다. 굳이 새로이 조령條令을 낼 필요가 있겠는가. 무릇 법이란 반드시 시행하는 데에 목적이 있다. 도성의 술집이 지나치게 범람하여 사치스러운 것을 제거해야 한다. 비록 의정부라 하더라도 명령을 시행하기 위한 요령을 얻은 다음에야 시행을 논의할 수 있다. 어찌 먼저 백성을 동요시킬 수 있겠는가."

그러자 좌의정 채제공蔡濟恭은 술안주를 금지시키자는 다소 황당한 아이디어를 내놓았다.

"양조를 금지시키는 명령을 내자는 의견도 곡식을 넉넉히 하는 방책이기는 하지만, 안주를 금지시키는 일도 백성의 생활과 큰 관련이 있습니다. 근래에 백성의 풍속이 점차 교묘해져서 푸줏간의 고기와 시장의 생선이 태반은 술안주로 쓰이고 있습니다. 진수성찬을 무절제하게 차리는 바람에 시장의 반찬값이 날마다 뛰고 있습니다. 이를 엄히 금지시키십시오."

임금은 양조를 금지하자는 이명연의 건의는 수용하지 않았지만, 채제공의 방안은 찬성하였다.

취하지 않은 자는 처벌하지 말라

조선 초기에는 술에 취하든, 취하지 않든 금주령을 위반한 자는 모두 처벌하는 원칙이 있었다. 세종 때의 경우 취하기에 이르지 않은 자와 약으로 먹는 자들까지도 태형笞刑 40대 이하를 때리도록 하였다. 그러다 단종 때는 금주령을 시행하되 취하도록 마시지 않은 자는 처벌하지 말라는 명을 내리기에 이르렀다. 단종 1년1453에 사헌부에서 당시의 음주 실태를 비판하자 임금이 전교한 내용을 보자.

"농사가 흉년이 들어 백성이 굶주리고, 국상國喪을 당하였습니다. 그럼에도 높고 낮은 백성들이 서로 연회를 베풀고, 감사와 수령들도 나라의 명령을 돌보지 않은 채 중앙에서 파견된 관리나 손님들에게 술을 차려 놓고 연회를 베풀어 위로하고 있습니다. 그 비용이 적지 않습니다."

"술을 금하는 것이 옳다. 그러나 술을 마시되 취하도록 마시지 않는 자와 복약하기 위하여 술을 사용하는 자를 함부로 술을 마시는 사람에 맞춰 처벌하는 것은 온당치 못하다. 마땅히 그 경중을 가려서 정상이 가련한 자는 논하지 말도록 하라."

술을 마셨지만 취하지 않은 자는 처벌하지 말고, 술에 만취하여 행패를 부리는 자들만 단속하라는 명령이었다.

재상들에게 유독 관대했던 임금

성종 17년1486 2월에 금주령이 내려졌다. 화천군花川君 권감權瑊이 이웃에 사는 재상 이숭원李崇元, 김순명金順命과 함께 밤중에 자기 집에 모여 술을 마시다가 적발되었다. 당시에는 여러 사람이 함께 모여서 술을 마시는 회음을 금하고 있었다. 적발된 다음 날 권감 등 세 사람은 대궐에 들어가서 대죄를 청했다. 임금은 다음과 같이 전교하였다.

"인근의 재상에게 문병하느라 서로 왕래하다가 함께 마시면서 술을 즐긴 것이므로 모여서 마셨다고 할 수는 없다. 대죄하지 말도록 하라."

사헌부 지평 반우형潘佑亨이 사리를 아는 대신들이 모여서 술을 마셨기에 국문해야 한다고 건의하자 임금은 불허하였다.

"이것은 모여서 술을 마신 것이 아니다. 내가 듣건대 권감이 병이 나서 이숭원과 김순명이 이웃 마을에 함께 살기에 위문하러 갔다가, 마침 권감이 기운을 순조롭게 하는 약주를 마시고 있어 잠시 서로 마셨을 뿐이라고 한다. 그러니 국문하지 말도록 하라."

임금이 윤허를 하지 않자 이번에는 사헌부 대사헌 이경동李瓊소이 나섰다. 금주령을 내리자마자 맨 먼저 범하였다고 하면서 권감 등을 국문해야 한다고 청하였다.

"화천군이 와서 말하기를 '병 때문에 약술을 마시는데 이웃에 사는 이숭원, 김순명이 마침 왔기에 한 잔을 함께 마시고 헤어졌습니다' 하였다. 이것은 회음이 아니므로 국문하여서는 안 된다."

임금은 역시 불허하였다. 이경동이 다시 처벌을 주장하였다.

"평민은 범한 대로 죄주고 대신은 특별히 용서하면 법이 행하여지지 않습니다."

임금이 좌우의 신하들에게 물었다. 영사領事 이극배李克培가 대답하였다.

"회음이 아니나 약술은 새벽에 마셔야 하는데, 권감은 밤에 남과 함께 마셔 죄가 없을 수 없습니다."

"한 마을의 재상이 병문안하러 와서 주인이 한 잔을 권했다. 객이 어찌 구태여 사양하겠는가? 다 인정으로 어쩔 수 없는 것이다."

결국 권감 등은 아무런 처벌도 받지 않았다. 금주령은 권세 있는 재상들에게는 아무 소용이 없는 규제였다.

성종은 그 후에도 재상들에게 관대한 태도를 여러 번 보였다. 동왕 25년1494 6월 호군護軍 경유공慶由恭이 병든 첩이 요양하고 있던 집에서 집주인과 술을 마셨다. 사헌부 아전이 그 집에 돌입하여 그들을 체포했다. 경유공은 경상도 병마절도사兵馬節度使와 의주 목사牧使 등을 지낸 무신이었다. 사헌부에서 경유공의 처벌을 청하자 임금은 오히려 아전을 국문하라고 명하는 것이 아닌가.

"재상이 있는 곳에 아전이 감히 돌입하였으니 다스리지 않을 수 없다. 형조刑曹로 하여금 국문하게 하라."

그러자 승정원에서 임금의 명을 비판하고 나섰다.

"사헌부 아전의 행위는 비록 잘못되었더라도 각각 일마다 그 임무가 있습니다. 이제 만약 그의 죄를 다스린다면 신들은 장차 이로부터 사기가 꺾일까 두렵습니다."

임금은 물러서지 않고 말했다.

"내가 일찍이 듣건대 사헌부와 의금부의 아전들이 조정의 관리들은 잡지 못하므로 잡힌 자는 모두가 미혹하고 용렬한 사람이라고 한다. 이제 경유공이 병든 첩과 소주 한 병을 마셨다. 이것이 연음이겠는가? 비록 무신이라 하더라도 재상인데 업신여김이 이와 같았다. 국문하지 않을 수가 없다."

 아전이 재상을 잡았다면 재상을 업신여긴 셈이라 벌해야 한다는 말이었다. 사헌부 지평 유인홍柳仁洪도 와서 아전을 국문하지 말아야 한다고 청하였으나, 임금은 들어주지 않았다.
 성종이 재상을 두둔한 많은 사례 가운데 하나만 더 알아보겠다. 성종 25년1494에 천둥 번개가 쳐서 모두가 두려워하고 있는데 의정부의 삼정승이 술을 마시며 놀았다. 사간원 헌납獻納 남세담南世聃이 임금에게 그 사실을 고하였다.
 "요즈음 천둥 번개가 치는 변고를 당하여 임금이 두려워하고 반성하고 있는 때에 삼정승은 음주하고 음악을 울리게 하여 조금도 경계하고 두려워하는 마음이 없습니다. 청컨대 국문하게 하십시오."
 주청을 임금이 윤허하지 않자 남세담이 다시 청하였다.
 "의정부 대신이 하늘의 경계에도 불구하고 혼미하여 술을 마시고 서로 희롱하였습니다. 하늘을 두려워하지 않는 것이므로 국문하지 않을 수 없습니다."
 "근일의 일은 모두 나의 잘못이다. 그대들은 다만 나만을 책망할 따름이다. 재상은 국문할 수 없다."
 임금은 역시 윤허하지 않았다.
 이처럼 임금이 금주령을 어긴 재상들을 감싸고돌았다. 백성들이 나라의 명령을 따르지 않는 것은 어찌 보면 당연한 일이었다. 위반자들을 단속하는 관리들이 임무를 제대로 수행하기가 대단히 어려웠을 것이다.

금주령을 어긴 절도사를 참하다

　조선 왕조의 임금들 중 술을 가장 즐긴 영조였지만, 아이러니하게도 금주령에는 가장 강경한 모습을 보였다. 심지어 제주祭酒의 사용마저 일절 금지하기까지 하였다. 제주 사용 금지법은 일반인은 물론 국가의 제사에도 적용되었다. 당시 영조는 "내가 송다松茶를 마시는데 평민이 술을 쓰는 것을 어찌 효라 하겠는가?"라면서 밀어붙였다. 신하들의 반대가 심하자 결국 금지 10여 년 만인 영조 43년 1767 한식寒食 때부터 사대부와 평민들이 제주를 쓰도록 허락하였다.

　그 이전인 영조 32년1756 10월에는 임금이 모범을 보이기 위하여 일시적으로 금주를 하였다. 그럼에도 시중에서 양조가 계속되자 술을 빚지 못하도록 하는 강경한 조치를 내렸다. 술을 빚다 잡힌 자는 섬으로 귀양을 보내고, 술을 사서 마신 자는 영원히 작은 고을의 노비로 삼도록 하였다. 선비는 유생 명부에서 이름을 삭제한 뒤 귀양을 보내고, 중인과 평민은 수군水軍에 편입시키도록 명하였다.

　영조가 제주와 양조를 전면적으로 금하였지만, 보다 극단적인 조치는 술을 마신 사람들을 참수에 처한 일이었다. 당시 한양에서 참수에 처해진 고위 관리는 남병사南兵使 윤구연尹九淵이었다. 그의 죽음은 영조 38년1762 9월 대사헌 남태회南泰會가 윤구연이 금주령을 어겼다며 탄핵한 것이 직접적인 발단이 되었다.

　"남병사 윤구연은 절도사이면서도 나라에서 금하는 것이 지엄함을 염두에 두지 않고 멋대로 술을 빚어 매일 취한다는 말이 낭자합니다. 법을 능멸하는 무엄한 사람을 변방 절도사의 중요한 자리에 그대로 둘 수 없습니다. 파직해야 합니다."

사실 남태회의 탄핵은 하루 전 사간원 정언 권극權極이 금주령을 어긴 자의 엄벌을 청한 데에 따른 것이었다. 권극은 금주령 위반자에 대한 극형을 주장하였다.

"아주 심하게 금주의 영을 범한 자는 적발하는 대로 효시하여 일벌백계의 방도로 삼기를 청합니다."

권극의 주장을 받아들인 임금은 아주 심한 위반자는 사형에 처하도록 조치했다. 남태회의 탄핵을 보고받은 임금은 즉각 격노하였다.

"과연 들리는 바와 같다면 마땅히 사형에 처해야 한다. 어찌 파직만으로 그치겠는가?"

임금은 의금부 도사都事에게 명하여 윤구연을 즉시 체포하여 압송하게 하고, 이어서 선전관宣傳官 조성趙峸에게 명하여 빨리 가서 술을 빚은 증거를 수집하여 오라고 명하였다. 며칠 후 조성이 술 냄새가 나는 빈 항아리를 가져와 임금 앞에 드리자 다시 크게 노하였다. 임금은 친히 숭례문崇禮門에 나아가 윤구연을 참하였다.

윤구연을 참하기 전 영의정 신만申晩, 좌의정 홍봉한洪鳳漢, 우의정右議政 윤동도尹東度가 구원하려 하였으나, 임금은 오히려 삼정승을 모두 파직하였다. 이어서 사간司諫 여선응呂善應 등 3명의 대간도 나서서 아뢰었다.

"윤구연은 진실로 죽을 만한 죄가 있지만 인명은 지극히 중합니다. 원컨대 다시 신하들의 의견을 널리 들어 보고 처리하십시오."

그러자 임금이 진노하여 대간들을 모두 삭탈관직削奪官職하라고 명하였다. 다음 날에는 홍문관 부수찬副修撰 이재간李在簡이 상소를 올려 임금의 조치를 반박하였다.

"정승과 대간의 주청은 단지 조심하고 삼가려는 뜻에서 나왔습니다. 어찌 한낱 법을 범한 윤구연을 돌아보아 애석하게 여겨서 그러했겠습니까? 사형으로 판결하는 것은 실로 국가의 큰일이어서 가부에 대해 서로 벌이는 논란이 또한 조정의 아름다운 일입니다. 이제 한마디 말이 마음에 거슬린다고 하여 파직하거나 삭탈관직한다면 끝내는 포용하시는 큰 도량에 흠이 됩니다. 조정을 위하여 이 조치를 애석하게 여깁니다."

상소를 읽은 임금은 이재간을 충청도 성환의 찰방察訪으로 내쫓아 버렸다.

강경한 조치에도 불구하고 금주령을 위반하는 사람이 잇따라서 사형을 당한 사람이 매우 많았다고 한다. 영조 38년1762에 금주법을 어긴 이원상李原尙을 노량진의 모래사장에서 효시한 것이 그 예이다. 사정이 이렇게 되자 이듬해에 사헌부 지평 구상具庠이 금주령을 범한 자를 사람을 죽인 자처럼 사형시키지 말라고 주청했다. 임금이 받아들여 금주령을 범한 술의 양에 따라 등급을 나누어 처벌하게 하였다.

윤구연은 죽은 지 10여 년이 지난 영조 50년1774에 빼앗겼던 직첩을 돌려받아 명예를 회복했다. 영조는 뒤늦게나마 자기의 일시적 분노가 애매한 사람을 죽였다는 자책을 느껴 이런 조치를 취했던 것 같다. 사실 윤구연이 술을 마셨다는 증거는 텅 빈 항아리 하나뿐이었으니 말이다.

영조가 말년에 어느 왕보다도 금주령을 완고하게 시행한 다른 이유도 물론 있겠지만, 임금이 술을 지나치게 마신다는 신하들의 비판을 희석시키기 위한 의도도 내포되어 있었지 않나 생각된다.

윤구연은 금주령 위반죄에 걸려 사형에 처해졌지만, 사형 직전에 살아난 사람도 있었다. 영조 33년1757 11월 어느 날 임금이 창경궁의 정문인 홍화문弘化門에 나아가서 금주령을 어긴 유세교柳世僑 등을 잡아들이게 했다. 임금은 도성 안 백성들이 많이 모이게 한 다음 그들을 효시하려고 하였다. 그때 임금이 술이 든 그릇을 가져다가 신하들에게 보라고 명하였다. 그들은 모두 술이라고 말하였고, 모여 있는 노인들도 술이라고 하였다.

"죄인이 식초라고 주장하는데, 여러 신하들은 술이라고 말한다. 경들은 자세히 살펴보도록 하라."

좌의정 김상로金尙魯가 대답하였다.

"처음에 보기에는 술과 같았으나, 종이에 적시어 냄새를 맡아 보니 역시 식초 같았습니다."

임금이 내시에게 술 그릇을 가지고 오라고 명하여 맛을 보고 하교했다.

"사람의 목숨이 귀하기에 내가 친히 맛보았다. 과연 식초다."

임금은 유세교를 특별히 석방하고 자리에 있던 형관刑官 중에 술이라고 말한 자를 파직시키라고 명하였다. 단속 실적에 급급하여 애매한 사람들을 잡아들인 형관의 잘못이 밝혀지는 바람에 오히려 벌을 받은 것이다. 금주령의 씁쓸한 단면이다.

음주 단속은 정말 어려워라

여러 조치에도 음주 행위가 사라지지 않자 영조는 금주령 위반자에게 강경한 처벌로 대응하였다. 영조 35년1759에는 어영대장御

營大將을 파직하기까지 하였다. 임금이 사간원 정언 임준任竣에게 한강 상류에 가서 몰래 금주 상황을 살피라고 명하였다. 돌아온 임준은 왕을 호위하는 임무를 맡고 있던 어영청御營廳의 군사들이 금령을 범하고 술을 마시는 모습을 보았다고 보고했다. 임금은 어영대장 정여직鄭汝稷을 파직하고, 대장 다음가는 벼슬인 중군中軍은 곤장 열 대를 때리고 쫓아냈으며, 나머지 군사들은 곤장을 치고 충군充軍하게 하였다.

영조 38년1762에는 회음한 역관譯官을 강화도 등지에 충군하라고 명하였다. 이듬해에는 경기도 광주의 백성이 금주령을 어겼다는 이유로 경기도 관찰사 홍명한洪名漢을 파직하고, 광주 부윤府尹 김응순金應淳을 잡아다 심문하게 하였다.

강경하게 금주령을 시행하였으나 성과는 그리 크지 않았다. 심지어 임금에게 경서를 강론하는 자리에 신하가 술을 먹고 들어오는 사건이 일어나기도 했다. 영조 46년1770 1월 어느 날 임금이 주강에 나아갔다. 강론을 담당한 참찬관인 승지 조정趙晸에게 술기운이 있었다. 임금은 "강론하는 막중한 자리에 참찬관에게서 술 냄새가 난다."고 하면서 그를 파직하도록 명하였다. 당시에는 승지는 물론 승정원의 하인들까지도 취하여 관원을 모욕하기도 했다.

조정을 파직하는 명을 내린 임금이 좌의정 한익모韓翼謨에게 물었다.

"민간에서 술로 발생하는 화가 자못 헤아릴 수 없이 많지 않은가?"

한익모가 대답하였다.

"국가에서는 제사에만 술을 사용하고 있지만, 민간에서는 대수롭지 않은 잔치에도 모두 술에 빠져 있습니다. 크게 술을 빚는 일이 서로 잇따르고, 곳곳에 주정하는 자가 여기저기 흩어져 있습니다."

임금이 대궐 문으로 나아가 한양의 노인들을 불러서 보게 되었는데, 어떤 사람이 "술에 대한 폐단이 이전보다 심합니다."라고 말하였다. 임금은 곧 형조로 하여금 술을 많이 빚은 자에게 장형杖刑을 가하고, 술 파는 곳임을 알리기 위하여 매다는 주등酒燈을 켜지 말도록 금하였다. 그래도 끝내 금할 수는 없었다고 한다.

영조 48년1772에는 삼강어사三江御史 조영진趙英鎭이 한강 유역의 금주 실태를 조사하고 와서 보고했다. 한강에서 술을 파는 것이 낭자浪藉하여 10여 항아리를 양조해 둔 자까지 있었다고 한다.

순조 때도 금주령 위반자에 대한 처벌은 계속되었다. 순조 10년 1810에는 금주령을 어긴 액정서의 하인 김응한金應漢 등을 섬으로 귀양을 보냈다. 동왕 32년1832에는 한양에 살던 전 군수郡守 한용호韓用鎬가 집에서 몰래 술을 빚어 팔다가 적발되었다. 임금은 "이렇게 무엄한 무리는 결코 예사로 처치해서는 안 된다."면서 먼 변방에 귀양을 보냈다.

순조의 처벌에도 불구하고 음주 행위는 여전히 근절되지 않았다. 순조 32년1832 12월 1일의 하교를 보자.

"앞뒤로 단단히 타일러서 경계함이 어떠하였는데, 요사이 들으니 금주가 점차 해이해지고 있다고 한다. 오로지 법을 집행하는 관리들이 세월만 보내고 직무를 폐기한 소치에서 연유한 것이다. 그들이 진실로 나라에서 백성을 걱정하는 지극한 뜻을 본받는다면 어찌 이 지경에 이른단 말인가?"

건국 초기부터 실시한 금주령은 말기까지도 소기의 성과를 거두지 못하였다. 음주를 금하기가 정말 지난한 과제였던 것이다.

뇌물을 챙긴 가짜 단속원

금주령을 엄하게 집행하는 와중에 현장에서 단속하는 하급 관원과 아전들이 뇌물을 받거나 엉뚱한 사람을 무고하는 등 여러 가지 폐단이 나타났다. 성종 24년1493 5월 24일 승정원에 내린 전교를 보자.

"단속하는 사헌부의 아전들이 국법을 지키지 않고 뇌물만을 생각하여 힘 있고 부유한 자는 함부로 마시고 제 뜻대로 하더라도 고발하지 않는다. 가난하고 약한 자는 술병을 지니고 있기만 해도 무고한다. 어찌 국가의 금령으로 간사한 아전의 주머니를 불리게 하겠는가?"

임금은 앞으로 무고한 자는 가족과 함께 평안도나 함경도의 변방으로 강제 이주시키는 형벌인 전가사변全家徙邊을 하라고 지시했다.

조선 후기에도 집행관들의 부정행위는 여전했다. 영조 28년1752에 우의정 김상로金尙魯가 아뢴 바에 의하면, 금주령을 내린 뒤로 형조와 한성부의 아전들이 별도로 금란방禁亂房이라는 조직을 설치하여 술집이라는 이름만 붙어 있으면 날마다 돈을 징수하였다. 속전을 마구 징수하는 폐단은 모두 낱낱이 들기가 어려울 정도였다고 한다.

그 후 순조 때는 가짜 단속원까지 등장하여 나약한 백성들을 괴롭혔다. 순조 15년1815 1월 비변사에 따르면 의금부, 형조, 한성부 등을 칭하는 가짜 하인들이 재물을 약탈하는 민폐가 더욱 심해서 마을 거리에 소요가 끊이지 않았다고 한다. 이어서 비변사에서는 당시의 실태를 개탄하면서 다음과 같이 아뢰었다.

"술을 금하는 일은 본래 백성의 굶주림을 구제하려는 뜻에서 나왔습니다. 요즈음 양반들이 금주령을 범하는 것이 갈수록 심해져 이익을 독점하는 자는 어떻게든 모면하고 하소연할 곳 없는 자만 걸려듭니다. 금주령이 차츰 문란해져서 원망이 더욱 심해지고 있습니다. 백성을 구제하려던 뜻이 이제는 도리어 백성을 고통스럽게 하고 말았습니다. 만약 법관法官이 왕명을 제대로 받들었다면 어찌 이 지경까지 이르렀겠습니까?"

금주령을 단속해야 할 자들의 부정행위로 금주령은 완전히 유명무실해지고 말았다. 그리하여 순조 33년1833에는 결국 금주령을 늦추었고, 금주령을 위반하여 귀양 보낸 사람들을 모두 방면하지 않으면 안 되었다.

승려들의 음주를 금하다

조선 시대에 승려들은 술을 마시지 못하게 되어 있었다. 개국 직후인 태조 7년1398 4월 불교에 대한 일을 맡아보던 승록사僧錄司의 책임자인 양가도승통兩街都僧統 상부尙孚가 승려들의 음주를 금하도록 청했다. 임금은 사헌부로 하여금 엄히 금하게 하고, 위반하는 자는 환속시키고 머리를 길러 군대에 편입하도록 하였다.

그해 6월에 금주령을 어기고 술을 마셨다가 군대에 편입된 승려가 실제로 적발되었다. 흥복사興福寺의 승려 사근斯近이 술을 마셨다가 발각되어 도로 속인이 되고 군대에 편입되는 신세가 되었다.

세종 6년1424에도 승려들의 음주 사건이 일어났다. 승려인 도승통都僧統 혜진惠眞과 흥천사興天寺 주지 종안宗眼, 대사大師 중연中演 등 승려 14명이 금주령을 어기고 술을 먹었다가 태형 50대에 처하여졌다.

그해에는 또 화엄종의 승과僧科 시험을 치를 때에 술을 마신 대사 성현省玄 등 10여 명의 승려들이 모두 태형 50대에 처하는 벌을 받았다. 요즈음에도 승려들의 음주 사건이 심심치 않게 보도되지만, 당시의 승려들에게도 술을 멀리하기가 상당히 어려운 일이었나 보다.

음주에 대한
국왕의 경고

세종의 계주교서戒酒敎書

　동양에서 술을 경계한 최초의 글은 아마도 《서경》의 '주고' 편이 아닐까 한다. '주고'는 《서경》〈주서周書〉의 한 편명篇名으로, 인간의 모든 과실은 술에서 비롯된다는 술의 해로움과 그에 대한 경계의 내용을 담고 있다. 《서경강설書經講說》(이기동 역해)을 통해 주요 내용을 살펴보면 대체로 다음과 같다.

　술은 제사에만 써야 할 것이니,
　　하늘이 명을 내리시어 우리 백성들에게

술을 만들기 시작하게 하신 것은 오직 큰 제사 때문이었다.

하늘이 위엄을 내리시어 우리 백성들이
크게 혼란해지고 덕을 잃게 되었으니,
술이 퍼졌기 때문이다.
작고 큰 나라들이 망하게 된 것은
또한 술이 허물이 되었기 때문이다.

술을 늘 마시지는 말라.
여러 나라의 사람들과 마시되
오직 제사 때만 마실 것이니,
덕을 지켜서 취하지 말아야 할 것이다.

'주고'에서는 제사 외에는 술을 조심하라고 하면서, 백성들이 덕을 잃고 나라가 망하게 되는 원인 중에 술이 큰 비중을 차지한다고 경고하였다. 조선 시대의 역대 국왕들은 《서경》의 정신을 이어받아 교서 등을 내려 술의 폐해를 지적하면서 지나친 음주를 훈계하고 경계하였다. 조선 초기에는 세종이 가장 적극적으로 술을 경계하였고, 선조와 영조 등의 왕들도 음주를 삼가라는 교서 등을 잇달아 반포하였다.

술을 몹시 싫어했던 세종은 술에 대한 폐해와 훈계를 담은 계주교서를 주자소에서 인쇄하여 동왕 15년1433 10월 28일에 반포하였다. 이 교서를 중앙과 지방의 각 관아에서 족자로 만들어 벽에 걸어 두고 항상 경계하는 마음을 갖게 하였다. 세종의 계주교서는 뒷날 《서경》의 '주고' 편과 표리表裏를 이루었다는 칭송을 받았다. 교서에서 세종은 먼저 술과 음주의 본뜻에 대하여 다음과 같이 설명하였다.

"술을 마련하는 것은 음주를 숭상하기 위함이 아니다. 신을 받들고 손님을 대접하며, 나이 많은 이를 부양하기 위함이다. 때문에 제사 때에 술 마시는 것은 술잔을 올리고 술잔을 돌려주고 하는 것으로 절차를 삼고, 모여서 하는 활쏘기 때의 음주는 겸손한 태도를 가지는 것으로 예를 삼는다. 향사鄕射의 예는 친목을 가르치기 위함이고, 양로의 예는 연령과 덕행을 숭상하기 위함이다. 그렇지만 오히려 말하기를 '손님과 주인이 백 번 절하고 술 세 순배를 돌린다'고 하였으며, 또 말하기를 '종일 술을 마셔도 취할 수 없다'고 하였다. 선왕先王이 술의 예절을 제정할 때에 술의 폐해에 대비함이 더할 수 없이 극진하였다."

술은 원래 신을 받들고 손님을 대접하며 노인을 부양하기 위해 마련했다. 겸손한 태도로 마시되 절대 취해서는 안 되었다. 조선시대에는 또 향사라 하여 향촌에서 활쏘기 시합을 하며 예법을 익히고 상호 친목을 도모하는 의식이 있었다. 향사 때에는 술과 음식을 갖추어 연회를 하였다. 활을 쏘는 사람들은 서로 술을 권하고 마시며 활쏘기를 하는 등 격식에 따라 행동했다.

조선 초기에는 부정한 귀신에게 지내는 제사인 음사淫祀를 배격하고 향촌 사회의 질서를 확립하기 위하여 향음주례鄕飮酒禮를 권장했다. 향음주례는 향촌의 선비와 유생들이 향교나 서원 등에 모여 학덕과 연륜이 높은 이를 주빈으로 모시고 술을 마시며 잔치를 하는 의식이었다. 이처럼 술은 일정한 격식에 따라 친목을 도모하고 학덕을 기리기 위해 마시는 것이었다.

세종은 술의 해독에 대해서도 경고하였다.

"술의 해독은 크다. 어찌 곡식을 썩히고 재물을 허비하는 일뿐이겠는가. 술은 안으로 마음과 의지를 손상시키고, 겉으로는 위의威儀를 잃게 한다. 혹은 술 때문에 부모의 봉양을 저버리고, 혹은 남녀의 분별을 문란하게 한다. 해독이 크면 나라를 잃고 집을 패망하게 만들며, 해독이 적으면 성품을 파괴하고 생명을 잃게 한다. 술이 삼강오륜三綱五倫을 더럽혀 문란하게 만들고 풍속을 퇴폐하게 하는 것은 이루 다 열거할 수 없다."

그다음에는 중국사에서 술과 관련하여 경계하거나 본받아야 할 것을 지적한 후 우리나라의 고사를 제시하였다.

"옛날 신라가 포석정에서 무너지고, 백제가 낙화암에서 멸망한 이유는 술 때문이다. 고려 말기에는 상하가 서로 술에 빠져 제멋대로 방자하게 굴다가 마침내 멸망하기에 이르렀다. 이것도 또한 가까운 은감殷鑑이 되니 경계하지 않을 수 있겠는가."

은감이란 거울삼아 경계로 삼을 만한 일이란 뜻이다. 세종은 마지막으로 음주 풍조를 지적하며 과음을 자제하라고 당부하였다.

"신민들은 술 때문에 덕을 잃는 일이 가끔 있다. 고려의 쇠퇴하고 미약하였던 풍조가 아직 다 없어지지 않았기 때문이라 내가 매우 민망하게 여긴다. 아아, 술이 해독을 끼침이 이처럼 참혹하건만 아직도 깨닫지 못하니 또한 무슨 마음인가. 비록 국가의 장래를 생각하지는 못할망정 제 한 몸의 생명도 돌아보지 않는단 말인가. 조정에서 벼슬하는 신하인 유식한 자들도 오히려 이와 같거늘 거리의 백성들이 무슨 일인들 못 하겠는가. 자주 일어나는 형사 소송도 술에서 많이 생긴다. 처음을 삼가지 않으면 말세의 폐해는 진실로 두려워할 만하게 될 것이다. 이것이 바로 내가 옛일을 고증하고 현재의 실정을 증거로 하여 거듭거듭 타이르고 경계하는 까닭이다. 중앙과 지방의 대소 신민들은 나의 간절한 생각을 본받고 과거 사람들의 실패를 보아서 오늘의 권면과 징계를 삼으라. 술 마시기를 즐기느라고 일을 폐하는 일이 없어야 하고, 술을 과음하여 몸에 병이 들게 하지 말라. 각각 몸가짐을 조심하며 술을 항상 마시지 말라는 훈계를 준수하여 굳게 술을 절제한다면 거의 풍습을 변경시킬 수 있을 것이다."

세종이 계주교서를 반포하여 음주를 삼가도록 당부하였지만, 음주 풍조는 여전히 개선되지 않았다. 계주교서를 반포한 이듬해 7월에 도승지 안숭선安崇善이 다음과 같이 아뢰었던 것이다.

"계주교서를 일찍이 내리셨는데, 백성들이 마음대로 방자히 술을 먹고 두려움이 없으며, 하늘의 경계함을 삼가지 않고 있습니다."

중종의 주계酒誡

중종 9년1514 10월 임금이 사간원의 주청에 따라 주계를 전국에 반포하라고 지시하였다. 교서 작성을 담당한 지제교知製敎 이행李荇이 그 다음 달에 주계를 지어서 바쳤다.

"아, 술의 화는 빠지기는 쉬워도 구제하기는 어렵다. 나라를 망치고 몸을 망치는 것이 항상 이 때문이다. 예로부터 술을 경계하여 금한 사람은 보존하였고, 술에 빠진 사람은 멸망하였다. ……

내가 지금 대소 신민을 보건대, 술을 경계하는 사람은 적고 마시기를 바라는 사람은 많아서 차츰차츰 빠져들어 풍속을 이루었고, 덕을 행하는 사람이 없으며, 술에 빠져 본성을 잃게 되어도 스스로 뉘우칠 줄을 모른다. 이를 경계하지 않는다면 말세에 가서는 어찌 되겠는가? 나의 덕으로 능히 감화시키지 못해 매우 슬퍼할 뿐이다.

선왕의 일을 상고해 보니 처음 주례酒禮를 만들 적에 한 번 술잔을 올리고는 백 번 절하게 하여 종일토록 마셔도 취할 수 없었던 것이다. 지금 술을 마시는 자는 반드시 난잡한 지경에 이르러 사무를 폐지하고 위의를 잃는다. 그것이 덕의德義를 그르치는데도 함부로 마시면서 그치지 않아 마침내 몸을 망친다. 자기 몸도 스스로 아끼지 않는데 덕행과 예절을 돌볼 여지가 있겠는가? 그러므로 우리 세종께서 술을 경계하는 글을 지어 알아듣게 친절히 타이르셨으니, 술의 화를 방지하는 뜻이 아주 깊고도 간절하였다. 너희들이 비록 내 말을 귀담지 않더라도 우리 조종의 남긴 뜻을 생각하지 않을 수 있겠는가?

모여서 술을 마시다가 죄를 받는 것은 법령에 기록되어 있고, 금주의 법이 또한 세밀하지 않은 것이 아니다. 비록 그렇다고 해도 사람을 법으로 금지시킴이 마음을 금지시킴만 못하다. 내가 지금 명을 내리는 것은 너희의 마음을 금지하는 데 있다. 너희가 마음을 금지하지 않는다면 무슨 짓인들 못 하겠는가? 지위가 있고 직책이 있는 자도 오히려 이와 같은데, 하물며 어리석은 백성이 능히 경계하여 그치겠는가?

이것을 일변시키는 기틀은 실로 조정에 있다. 여러 관원들은 각각 제 마음을 절제하여 술에 빠지지 말고, 위의를 잃지도 말며, 사무도 폐지하지 말고, 몸도 망치지 말아서 내 말을 저버리지 말도록 하라. 또한 선비나 평민이 보고 감동하여 경계할 줄을 알게 하여, 구습을 고쳐 나가 인수仁壽의 지경에 함께 이르게 함으로써 좋은 정치를 이루게 하라."

인수란 어진 덕이 있고 수명이 길다는 뜻이다. 중종은 술이 나라와 몸을 망친다면서 술을 경계하여 금한 사람은 보존하였고, 술에 빠진 사람은 멸망하였다고 했다. 술을 법으로 금지하기는 마음을 금지하기보다 못하므로 먼저 마음부터 질제해야 한다고 당부하였다. 아울러 조정의 관원들이 위에서 모범을 보여 아래의 백성들이 본받도록 해야 한다는 점도 강조하였다.

신하에게 술을 경계하는 술잔을 내린 숙종

숙종은 과음을 삼가라는 뜻으로 몸소 술을 경계하는 글을 지어 작은 술잔에 새겨서 신하에게 하사하기도 했다. 동왕 36년1710 6월에 약방 도제조都提調인 이이명李頤命이 아뢰었다.

"민진후閔鎭厚는 본래 술을 좋아하여 한가하면 문득 취합니다. 비록 사무 처리를 저해하기에 이르지는 않으나, 그 몸을 상할까 두렵습니다. 성상께서 마땅히 그를 친히 경계하셔야 합니다."

전직 좌의정으로서 약방 도제조인 이이명이 병조 판서 겸 약방 제조인 민진후의 과음을 염려하여 임금에게 친히 술을 자제하도록 해주기를 요청했다. 임금은 입궐한 민진후에게 직접 작은 은잔을 내리면서 다음과 같이 타일렀다.

"과음하면 반드시 몸을 상하게 하고 일을 해칠 것이다.《서경》의

'주고'에서는 '감히 술 마시기를 숭상하겠는가?' 하였고, 《시경》의 〈빈지초연장〉에서는 '석 잔의 술이면 기억을 잃게 되는데, 하물며 더 마시라고 권하겠는가?' 하였다. 이제 이 작은 술잔을 내리고 잔 복판에 명銘을 새겨서 경계하기에 힘쓰라는 뜻을 보인다. 경은 이 잔으로 마시되 석 잔을 넘는 일이 없도록 하라."

임금이 직접 술을 경계하는 글을 지어 은잔에 새기도록 한 후 하사한다는 것이다. 임금이 지은 글의 내용은 이러하였다.

'술 마시기를 늘 하지 말고, 덕으로써 몸을 가지도록 하라. 어찌 해로우랴 말하지 말라. 그 해로움이 날로 심해지리라.'

민진후는 절을 하고 은잔을 받으며 말하였다.

"삼가 성교聖敎를 받들었습니다. 어찌 감히 과음할 수가 있겠습니까?"

임금으로부터 이처럼 애정 어린 경고를 받은 그는 이후 과음하기가 매우 어려웠을 것이다.

영조의 계주문戒酒文

영조 7년1731 12월 29일에 다음과 같은 계주문을 내렸다.

"순후한 성품의 사람을 광포한 사람이 되게 하는 것은 술이 아니고 무엇이겠는가? 마음은 본래 착한데, 공격하는 것이 많도다. 더구나 술이 또 뒤따라 해롭게 하는구나. 사람이 싫어하는 바는 악보다 심한 것이 없고, 사람이 두려워하는 바는 적보다 심한 것이 없다. 스스로 적을 불러들이고 스스로 악을 만들어 내니, 어찌 애석하지 않겠는가? ……

　술로 인해 사람을 상해하고 살해하여 부모 형제를 위태롭고 욕되게 하는 데까지 이르렀다. 스스로 그것이 패륜을 저지르는 결과가 된다는 것을 깨닫지 못하기도 한다. 아! 사람이 세상에 나서 비록 도리를 다해 어버이를 봉양하지는 못할지라도, 어찌 입과 몸의 욕심 때문에 어버이를 욕되게 할 수가 있겠는가? 더구나 인생 백년에 질병과 사고를 제하면 남는 시일이 오히려 적은데, 거기다가 광약을 멋대로 마셔 천성을 해치고 몸을 망친다. 어찌 서글픈 일이 아니겠는가?

　술을 많이 빚는 피해는 재물을 축내는 데 이르고, 술을 즐기는 해독은 가산을 기울게 하는 데 이르게 된다. 그것을 금지하는 방도는 군사君師에게 있으니, 어찌 어렵겠는가. 그래도 지극히 어려운 것은 하나라의 우왕이 비록 최초로 술을 제조한 의적儀狄을 멀리하였으나 술을 없애지는 않았고, 성현이 예를 제정함에 있어 제사와 향음에 모두 술을 허락하였기 때문이다. 이것이 술이 없을 수는 없는 점이다.

　지금은 큰 흉년이 들어 여러 가지 비용을 이미 모두 절감하였는데, 제한이 없는 소비가 술 빚기보다 심한 것이 없다. 그러나 명령은 마땅히 먼저 해야 하고, 법은 마땅히 뒤에 집행해야 한다. 먼저 술을 경계하는 글을 보이고 추후에 술을 많이 빚는 데 대한 금령을 내릴 것이다. 아! 그대들 대소 신료들은 나의 뜻을 인식하여 술을 함부로 마시지 말고 국사에 마음을 다할 것이다. 아! 그대 평민들은 먼저 스스로 소란스럽게 하지 말라. 만일 혹시 집에서 많은 술을 빚는다면 어찌 능히 숨길 수 있겠으며, 장차 금령을 범한다면 어찌 법이 없다고 할 수 있겠는가? 제사에 쓰기 위한 것이나 끼니를 잇기 위한 정도는 내가 금하지 않을 것이다.

아! 비록 옛사람이 길쌈을 해서 자식을 가르쳐 자손들에게 선행을 끼쳐 준 일은 본받지 못한다지만, 이런 광패狂悖한 약을 만들어서 우리의 무고한 백성을 빠뜨리는 자는, 나라에서 금하지 않는다 하더라도, 그것이 적선積善을 하여 후손에게 끼쳐 주는 도리에 있어 어찌 크게 어긋나지 않겠는가? 마음 깊은 곳에서 나오는 말이며 형식적으로 하는 말이 아니다. 모름지기 가슴 깊이 새겨서 큰 죄에 빠지지 말아야 할 것이다."

영조는 술이 사람을 미치게 하고 착한 사람을 악한 사람으로 만드는 약이라고까지 말하면서 술을 함부로 마시지 말고 절주하라고 당부하였다. 술로 인하여 사람을 다치게 하거나 죽이기도 하여 부모 형제를 욕되게 하고 패륜의 구렁텅이로 빠지게 된다고도 경고하였다. 술이야말로 몸과 마음을 망치고 재산을 축내는 존재라는 것이다. 전교를 내린 영조는 임금에게 올리는 술인 선온宣醞을 내년 가을까지 절반으로 줄여서 임금이 먼저 절주하는 모범을 보이게 하라고 명하였다.

술을 경계하는 시

숙종 23년1697에 임금은 술을 경계하는 옛날 시를 인용하여 경각심을 고취하고자 했다. 이 시는 술로 인해 병이 생긴다면 임금과 부모의 은혜를 갚지 못하게 된다고 경고하고 있다.

성군 은총 극진하여 문과 장원으로 뽑혔고
어머니 은혜 깊으신데 백발이 되시었네
임금의 사랑, 어머니 은혜 모두 보답 못 했는데
술로 만일 병 이루면 뉘우친들 무엇하랴?

다섯 가지 주폐酒弊

성종 12년1481에 홍문관 부제학 이맹현이 가뭄에 대해 상소하는 가운데 숭음을 경계하는 말을 다음과 같이 아뢰었다.

"하늘이 비를 내려서 기장과 피를 자라게 하여 백성으로 하여금 술을 만들게 한 까닭은 입과 배를 채워 애환을 털어놓게 하기 위함이 아니라, 천하를 공양하고 제사하여 복을 빌고, 쇠약한 자와 늙은 자를 부양하기 위함입니다. ……

연음의 예禮는 군신의 의리를 밝히는 것이고, 향음의 예는 장유長幼의 차례를 밝히는 것입니다. 이러한 경우가 아니면 군자는 마시지 않지만, 오히려 선왕의 수작酬酌하는 예를 절제하여 한 번 잔을 바치는 예에 손님과 주인이 백 번 절하게 하여 종일 술을 마셔도 취하지 못하게 하였습니다."

수작은 술을 서로 주고받는다는 뜻이다. 이맹현은 이어서 술로 인하여 생기는 다섯 가지 폐해 내지 재앙을 열거하였다.

"술이 빚어내는 재앙을 논한다면 어찌 곡식 낭비뿐이겠습니까? 참으로 목숨을 잃게 하는 도끼이며, 창자를 썩히는 못된 약입니다. 위로는 나라를 망치고, 아래로는 자신을 죽이며, 삼강오륜을 어지럽히고 풍속을 무너뜨리는 것은 이루 다 적을 수 없습니다. 우리 나라 삼국三國 시대의 일도 거울삼을 수 있습니다."

  술은 곡식을 낭비하게 할 뿐만 아니라, 창자를 썩게 하여 죽음에 이르게 하고, 나라를 망치며, 자신을 죽이고, 풍속을 무너뜨린다는 준엄한 훈계이다.

2부
조선의 술꾼들

술독에 빠진 애주가

술 때문에 요절한 왕자들

태조 이성계李成桂에게는 모두 8명의 아들이 있었다. 그중 맏이가 진안대군鎭安大君 이방우李芳雨이다. 그는 원래부터 술을 무척 좋아했던 모양이다. 실록에 의하면 성격상 술을 좋아하여 날마다 음주를 일삼았다고 한다. 뭐든 과하면 탈이 나는 법. 급기야 39세이던 태조 2년1393 소주를 마시고 병이 나서 죽고 말았다. 과음으로 일찍 죽지 않았다면 세자는 물론 왕도 될 수 있었을 텐데, 술이 모든 것을 앗아가고 말았다.

세종의 서자들 중에도 술로 인해 요절한 사람들이 많았다. 익현군翼峴君 이관李璭은 세종의 후궁인 신빈愼嬪 김 씨의 넷째 아들이다. 그는 성격이 호탕하며 과감하였고, 용모가 준수하였으며, 대화를 잘하였다. 사람들을 겸손하게 대하고, 남의 뜻을 잘 살폈으며, 귀하고 세력 있는 것을 스스로 자랑한 적이 없었다고 한다. 이런 성격으로 인해 세조 즉위에 공을 세워 좌익공신佐翼功臣 1등에 봉해져 세조의 총애를 받았다. 그러다 주색에 빠져 세조 9년1463에 33세로 요절하였다.

이관은 친형인 계양군桂陽君 이증李璔과 함께 사악한 자들과 친하게 지냈다. 전 현감縣監 성계증成繼曾 등과 술 무리가 되어 밤이면 민가의 작은 집에서 창기倡妓를 불러 모아 술을 마시곤 하였다. 결국 병을 얻어 몸이 파리하고 쇠약해져 피를 토하고 죽기에 이르렀다. 세조는 이복동생인 익현군이 홀연히 죽자 크게 슬퍼하였다고 한다.

"이것은 모두 계양군의 허물이다. 그의 둘째 형 의창군義昌君 이공李玒이 술 때문에 죽었는데, 익현군도 술로써 죽어 매우 슬프다."

계양군도 이듬해에 죽어 신빈 김 씨의 아들 6명 중 3명이 술로 인하여 30대 초반에 요절했다. 임금의 서자로 살기가 그만큼 괴롭고 힘들었을까.

익현군의 맏형인 계양군은 학문을 좋아하여 공부를 게을리하지 않아 세종이 끔찍이 사랑하였다고 한다. 세조가 즉위할 때 공을 세워 친동생 익현군과 함께 좌익공신 1등에 올라 세조의 융숭한 은총도 입었다. 그가 술병이 들자 임금이 어의를 보내어 치료하는 등 하지 않은 바가 없었으나 끝내 효험을 볼 수가 없었다.

자살한 양녕대군의 아들

양녕대군讓寧大君의 셋째 아들인 이혜李譓는 성품이 사납고, 여자를 좋아하며, 행동이 경박하였다고 한다. 심지어 사랑하는 첩을 아버지에게 빼앗기고 화병을 얻어 술김에 사람을 죽이기도 했다고 전해진다.

세종 29년1447 이혜는 술주정을 하다가 사람을 죽이는 바람에 경상도 고성에 안치安置되었다. 당시 임금은 경상도 관찰사에게 명하여 밭과 집을 주게 하였으나, 활과 화살을 가지고 나가서 사냥하지 못하게 하고, 바깥 사람과도 서로 통하지 못하게 하였다. 3년 후인 세종 32년1450에 임금은 이혜에게 술을 마시게 하는 자는 제서유위율로 다스리고, 이혜가 술 마시는 모습을 보고도 보고하지 않은 자는 임금에게 아뢰어야 할 일을 아뢰지 않은 죄인 응주부주應奏不奏로 처벌하도록 명하였다.

술을 마시고 벌이는 횡포로 이혜는 귀양을 갔다가 집에 돌아왔는데, 그 일로 아버지에게 신임을 얻지 못하여 마침내 미친병을 얻게 되었다. 어느 날은 금강산으로 달아나 아버지가 사람을 시켜서 찾아오게 한 적도 있었다. 그 뒤에 또 도망하여 경기도 연천군 마전현의 관사에 머무르면서 스스로 머리를 깎고 중이 되기도 하고, 손수 노비를 죽이기도 하였다.

이혜의 횡포를 참다못한 문종이 그와 그의 가족을 강화부에 안치하고 출입을 금지시켰다. 강화로 귀양을 간 직후인 문종 1년1451 이혜는 홑이불을 찢어 끈을 만들어 집 서까래에다 목을 매었다가 이틀 후 죽고 말았다. 술꾼이 술을 마실 수 없도록 갇혀 버려 도저히 살아갈 수가 없었으리라.

두주불사의 대신들

한성 부윤, 대사헌, 이조 판서 등을 지낸 허지許遲는 술을 아무리 많이 마셔도 취하지 않았다고 한다. 그는 진중하고 너그러웠으며, 부임하는 곳마다 칭찬이 있어 크게 쓰일 사람이라고 기대했다. 세종 4년1422 나이 50세에 타계하여 사람들이 모두 애석하게 여겼다.

우승범禹承範이란 문신은 시와 술을 좋아하였다. 종일 술을 마셔도 취하지 않고 연이어 며칠을 마셔야 취하였다고 한다. 그러다가 세종 20년1438에 갑자기 죽었다. 아마도 술을 너무 많이 마셔서 그렇지 않을까. 그는 태종 때 문과에 급제한 후 강원도 관찰사와 병조, 예조, 이조의 참판 등 요직을 지냈다.

세조 때 좌의정을 지낸 이사철李思哲도 술이 무척 셌던 모양이다. 그는 키가 크고 용모가 특이하며, 말이 적고 어눌히였다. 특히 술 두어 말을 마셔도 어지럽지 않았다고 한다. 그는 과거에 급제한 후 집현전 박사博士를 시작으로, 도승지, 이조 판서, 의정부 좌찬성左贊成 등을 역임하였다. 수양대군首陽大君이 일으킨 계유정난에 참여하여 공신에 오른 뒤 좌의정까지 승진하였다가 세조 2년1456에 51세로 사망하였다.

그 밖에 조선 후기 애주가의 한 명으로는 병조 판서를 지낸 오도일吳道一을 들 수 있다. 평소에 술을 즐긴 그는 숙종으로부터 과음을 경계하는 하교를 받기도 했다.

음주를 즐긴 정승

홍달손洪達孫은 젊어서부터 무술에 능하여 내금위內禁衛에 선발되었고, 수군첨절제사水軍僉節制使에 이르렀다가 무과에 급제한 후 첨지중추원사에 올랐다. 세조의 계유정난에 참여하여 정난공신靖難功臣과 좌익공신이 되었다. 승진을 거듭하여 병조 판서, 좌의정에 오르고 남양부원군南陽府院君에 봉해졌다가 성종 3년1472에 나이 57세로 죽었다.

홍달손은 용모가 크고 훌륭하며 무예가 뛰어났다. 성품이 청렴하여 오랫동안 병권을 맡고 있어도 사사로운 청탁을 받지 않았다. 오직 주색만은 스스로 즐겼다고 한다. 만년에는 옆에서 시중드는 첩이 항상 십여 명이 되었고, 술잔이 입에서 떠나지 않았다고 한다. 오래도록 중풍을 앓아 임금이 늘 어의를 보내 병을 돌보도록 했다.

병이 위독하게 되자 음주를 절제하고 약을 복용하라고 권하는 친구가 있었다. 그는 다음과 같이 말하며 거절하였다고 한다.

"나는 내금위의 미천한 군사였다. 성상의 은혜를 지나치게 많이 입어 품계가 1품에 이르고 나이 60에 가까웠다. 내 분수에 족하다. 다시 무슨 소망이 있겠는가?"

참으로 자기 삶에 만족한 무인다운 태도였다.

술을 끊기는 정말 어려워라

세종 18년1436에 56세로 타계한 예문관藝文館 대제학 윤회尹淮는 어려서부터 총명함으로 이름을 떨친 인재였다. 겨우 10세에《통감강목通鑑綱目》을 능히 외웠고, 총명하고 민첩함이 다른 사람보다 뛰어났다고 한다. 과거에 급제하여 이조와 병조의 좌랑佐郎과 정랑正郎, 대언代言 등의 요직을 거쳤다.

태종이 일찍이 그에게 말한 바가 있다.

"경은 학문이 고금을 통달했으므로 세상에 드문 재주를 지니고 있어 용렬한 무리와 비교할 수 없다."

얼마 후에 그를 병조 참의에 임명하여 임금을 항상 가까이 모시게 하고, 매번 순정한 유학자라 일컬었다. 집현전 부제학, 예문관 제학提學을 거쳐 세종 때 대제학에 임명되었다.

그에게는 커다란 단점이 하나 있었다. 바로 술을 너무 좋아한 것이다. 천성적으로 술을 즐겨 임금도 훤히 알 정도였다. 술이 너무 과하면 반드시 실수를 저지르기 마련이다.

세종 2년1420 9월 임금이 백관을 거느리고 종묘에 제사를 드릴 때였다. 병조 참의로 있던 그는 책보사冊寶使의 임무를 띠고 참석하였다가 그만 술에 취하여 실수를 하고 말았다. 책보사는 임금과 왕비의 존호를 새긴 인장을 받들고 들어가던 신하였다. 엄숙한 자리에서 막중한 임무를 띠고 있던 신하가 술에 취해 실수를 했던 것이다. 사헌부에서는 임금에게 예의를 잃고 불경하였다면서 그를 처벌해야 한다고 주장하였다.

"윤회는 술을 마시면 곧 취한다. 취중의 일은 논할 것이 없다. 내가 마땅히 그를 불러서 책하리라."

임금은 윤허하지 않았다. 과연 다음 날 임금은 윤회를 특별히 불러 책망을 하였다.

"너는 총명하고 똑똑한 사람인데, 술 마시기를 도에 넘치게 하는 결점이 있다. 이제부터 임금과 상왕이 하사하는 술 외에는 과음하지 말라."

임금의 당부에도 끝내 술을 끊지 못하여 임금이 여러 번 불러서 꾸짖었다. 세종 12년1430에도 실수가 있었다. 세자시강원世子侍講院의 빈객賓客으로서 세자의 교육을 맡고 있던 윤회는 세자에게 경서를 강론하던 자리인 서연書筵에 나아가 세자에게 강의를 해야 했다. 그는 그만 술에 취하여 강의에 참석을 하지 못하였다. 요즈음에도 학교 선생이 수업을 결강하는 일은 있을 수 없는데, 감히 세자의 교육을 술 때문에 빼먹었던 것이다. 이 일이 알려지자마자 사헌부에서 도무지 공경하며 삼가는 뜻이 없다며 죄를 다스려야 한다고 외쳤다. 이번에도 윤허하지 않은 임금은 윤회를 불러 과음을 자제하라고 다시 간곡하게 타일렀다.

"경이 술을 마시어 도를 지나치는 일이 한 차례가 아니었다. 내가 경에게 술을 많이 마시지 못하게 한 적도 한두 번이 아니었다. 임금의 명령이라면 물이나 불 속을 들어가라고 해도 오히려 피하지 않을 터이다. 하물며 그 밖의 일이겠는가. 자기의 주량을 생각하여 한두 잔쯤 마시든지, 반잔쯤만 마신다면 그렇게 정신이 없고 체면을 잃기까지 하겠는가. 이제부터는 부디 지나치게 마시지 말라. 이 말을 따르지 않으면 벌을 받을 것이다."

윤회가 물러가자 임금이 우승지右承旨 김종서金宗瑞에게 다음과 같이 아쉬움을 피력하였다.

"윤회가 술을 좋아하지만, 나는 그의 재주를 아껴 과음하지 말라고 경계한 적이 있었다. 얼마 되지 않아 과거와 다름이 없기에 다시 술을 조심하라는 명령을 내렸으나 조금도 고치는 빛이 없었다. 지금 또 취해서 서연에 나아가지 않았으니, 세자를 교육하는 도리가 아니다. 임금의 명령은 아무리 어려운 일이라도 노력하여 따라야 한다. 더구나 술을 삼가라는 명령을 따르기가 무엇이 그리 어렵단 말인가. 도리를 알 만한 선비도 이렇거늘 무식한 소인의 무리야 말할 것도 없다."

임금이 안타까운 마음에 윤회를 여러 차례 불러 술을 자제하도록 당부하였지만, 끝내 따르지 못하였다는 아쉬움이다. 자고로 술을 끊는다거나 줄이는 일은 임금도 어찌지 못할 정도로 어렵다는 사실을 새삼 느끼게 된다.

만취하여 말에서 떨어져 죽은 재상

홍영통洪永通은 고려 후기의 명신인 홍자번洪子蕃의 증손자였다. 공신이나 전·현직 고관의 자제를 과거에 의하지 않고 관리로 채용하는 문음門蔭으로 관직에 나아가 공민왕 때에 밀직부사密直副使 등의 요직을 지냈고, 우왕이 즉위하자 좌시중左侍中에 오른 인물이다. 조선이 건국된 직후에는 개국 공로로 태조의 우대를 받아 남양백南陽伯에 봉해지고 판문하부사判門下府事 등을 역임하였다.

홍영통은 태조 4년1395 10월 태조의 탄신일 잔치에 참석했다가 만취하여 집에 돌아갔다. 도중에 말이 놀라는 바람에 떨어져 그만 사망하고 말았다. 홍영통이 말에서 떨어져 죽었다는 소식을 들은 태조는 좌정승左政丞 조준趙浚, 우정승右政丞 김사형金士衡, 판삼사사判

三司事 정도전 등과 여러 늙은 신하들에게 대나무로 만든 작은 가마인 요여腰輿 하나씩을 내려 주어 타고 다니도록 하였다.

홍영통 외에 말에서 떨어져 사망한 재상을 한 사람 더 꼽는다면 세종 때의 이수李隨를 들 수 있다. 그는 과거에 급제하지 않은 선비로서 천거를 받아 처음 등용되어 판서에까지 오른 입지전적인 인물이었지만, 술 때문에 스러지지 않으면 안 되었다.

이수는 젊어서 학문을 부지런하고 정밀하게 연구하고 강론하여 사람들의 추앙을 받았다. 성품이 중후하여 겉치레를 좋아하지 않았다. 궁하든지 통하든지, 얻든지 잃든지 기쁜 빛이나 노여운 빛을 나타내지 않았다고 한다.

태조 5년1396 생원 시험에 1등으로 합격하였으나, 대과에는 급제하지 못하였다. 태종 10년1410에 임금이 경학經學에 밝고 행실이 바른 사람을 구하자 성균관의 천거로 부름을 받았다. 부름을 받은 지 얼마 지나지 않아 대과 공부를 한다는 이유로 관직을 사퇴하고 돌아갔다. 이듬해에 임금이 도승지를 보내어 특별히 다시 불러 충녕대군忠寧大君을 비롯한 여러 왕자들을 가르쳤다. 태종 14년1414 가을에 성균관에서 임금이 베푼 과거 시험에 급제하였고, 세종이 즉위하면서 비로소 관운이 활짝 열렸다. 동지총제同知摠制, 황해도 관찰사, 이조 참판, 예문관 대제학, 의정부 참찬 등의 요직을 차례로 역임하였다. 세종 11년1429에는 이조 판서가 되었고, 이듬해 병조 판서로 옮겼다. 그해 4월 술에 취하여 말을 달리다가 떨어져서 곧바로 사망하고 말았다. 취중에 말에서 떨어지지만 않았더라면 정승까지도 충분히 오를 인물이었는데, 참으로 안타까운 일이었다.

그가 비록 판서까지 지냈지만, 집이 매우 가난하여 빚을 얻지 못하면 장사도 제대로 치를 수 없는 지경이었다. 그가 죽은 몇 달 후에 부인 신 씨가 임금에게 아뢴 바에 의하면, 환곡還穀 쌀 26석을 빌려서 남편과 부모의 초상을 치렀는데, 집이 가난하여 갚지 못하여 계속 독촉을 받았다고 한다. 신 씨의 말을 들은 임금이 사정을 딱하게 여기어 환곡 쌀을 징수하지 말라고 지시하였다.

술이 해친 인재

세조 때의 명재상으로 정치, 문화적으로 많은 업적을 남긴 신숙주의 아버지인 신장申檣은 술을 무척 좋아하였다. 그가 술로 인해 세상을 일찍 등진 사실은 잘 알려지지 않고 있다. 세종 15년 1433에 공조 참판으로 있던 신장이 51세로 갑자기 죽었다. 세종이 그의 재주를 아껴서 음주를 삼가도록 친히 명하였으나, 스스로 금하지 못하였다고 한다. 그의 부음을 접한 이조 판서 허조許稠가 탄식하였다.

"이런 어진 사람을 오직 술이 해쳤다."

신장은 사람됨이 온후하고 공순하여 남에게 거슬리지 않았으며, 사장詞章에 능하고 초서와 예서를 잘 썼다. 태종 2년 1402 문과에 급제한 후 예조 정랑 등을 거쳐 오래 대제학을 맡은 그는 유학에 통달한 권위 있는 학자로 추앙을 받을 정도로 참으로 아까운 인재였다.

문신인 홍일동洪逸童도 대단한 애주가였다. 그는 세종 24년 1442 임금이 몸소 나와 시험 성적을 살피고 급제자를 정하는 친시親試 문과에 급제하였고, 세조 원년 1455에 원종공신原從功臣 2등으로 공훈을 인정받았다. 그 후 좌승지, 대사간, 대사성大司成, 호조 참판을 역임하였다.

홍일동은 성질이 너그럽고 거리낌이 없어 사소한 예절에 구애받지 않고, 나쁜 옷을 부끄러워하지 않았으며, 시 짓기를 좋아하였다. 특히 술을 잘 마셔서 두어 말까지 마실 수 있었다고 한다. 세조 10년1464 3월에 임금의 사냥 행차를 수행하고 돌아오던 종친과 재상들을 위로하는 선위사宣慰使로 임명된 것도 술을 잘 마셨기 때문이다. 신위사로 임명되자 무척 기뻐하였다고 한다.

선위사가 된 홍일동은 임금이 내린 술을 가지고 충청도 홍주에 이르러 여러 종친과 재상들을 만나 선위례宣慰禮를 행하면서 마음껏 마시고 만취하였다. 종친과 재상들을 위로해야 할 임무를 띠고 내려간 관원이 오히려 과하게 술을 마셨던 것이다. 결국 그는 공무를 수행하다가 과음하는 바람에 52세에 급서하였다. 임금이 그가 죽었다는 소식을 듣고 즉시 사람들을 보내어 구하게 하였으나, 온몸이 푸르게 변하여 끝내 살릴 수 없었다고 한다.

정승을 위한 변명

가사 문학의 대가이며 서인西人의 영수로서 좌의정을 지낸 송강松江 정철鄭澈은 정적인 동인東人으로부터 주색에 빠진 술주정뱅이라는 비난을 많이 받았다. 선조 15년1582 9월에는 사헌부에서 주청을 올렸다.

"도승지 정철은 술주정이 심하고 망령됩니다. 체직遞職시키십시오."

공격이 계속되자 선조 19년1586에 충청도 공주의 주학제독관州學提督官으로 제수되었던 조헌趙憲이 붕당의 시비 등을 논하는 상소를 올리면서 정철의 음주 문제에 대하여 변론하였다.

먼저 조헌은 죽림칠현竹林七賢 중 한 명인 완적阮籍에 정철을 비유한다. 완적은 위魏나라와 진晉나라가 교체되는 정치적 혼란 속에서 술과 기행으로 자신을 위장하고 살았던 인물이다. 자신을 해치려는 정적이 많은 정철이 술 취한 체한 것은 실로 완적의 계획에서 나왔다는 것이다. 조헌의 변론은 다음과 같이 계속되었다.

'정철이 호남에 관찰사로 나갔을 때 형수가 순천에 살았는데, 그의 젊은 첩이 형수와 함께 살았다. 그가 순천에서 3일 동안 머무르며 날마다 형수에게 문안 갔다가도 밤에는 관사로 돌아와 잠을 잤다. 그러면서도 감히 첩과 사사로이 대화할 생각을 하지 않았다. 그가 몸가짐을 바로 하고 언행을 삼가는 노력은 보통 사람으로서는 미칠 수 없는 것이었다.

정철은 부모의 제삿날을 만나면 한 달 동안 술을 끊었다. 그 사실은 성혼成渾의 시에서도 증명할 수 있다. 백성들의 부역을 살필 때에도 한 달 동안 술을 중지하였다. 술자리를 마련한 것은 오직 손님 접대, 노인 봉양, 선비들의 연회하는 예절에 국한되었으며, 네 고을의 기생들을 한 번도 행차에 태우고 다닌 적이 없었다. 때문에 정신이 맑고 깨끗하여 여러 가지 일을 잘 처리하였고, 몇 달 동안에 50 고을의 요역을 균등하게 하는 일을 마쳤으며, 궁벽한 마을에서 인구에 따라 거두는 가혹한 수탈이 예전에 비하여 반감되었다.

정철이 대사헌이 되었을 때에는 사람들이 '이이李珥와 정철 두 대부가 그 자리에 나오면 각 관사에서 마구 거두는 일이 없다' 하였다. 그가 밖에서는 술을 좋아한다는 이름이 있지만 안으로는 몸을 해친 사실이 없고, 국가의 대사를 담당해서는 제대로 처리해 나가는 재능을 지니고 있다. 정철에 대한 모든 비난은 김우옹金宇顒, 유몽학柳夢鶴 등의 동인들이 터무니없는 말을 날조하여 임금을 현혹시키고 국가를 어지럽히려고 한 짓이다.'

사실 정철이 음주를 좋아했던 것은 어느 정도 사실일 수 있다. 서인들이 쓴 그의 졸기에도 술을 좋아했다는 대목이 나오고 있다.

"만일 정철을 강호 산림의 사이에 두었더라면 잘 처신했을 것이다. 지위가 삼사三司의 정상에 오르고 몸이 장상將相을 겸하여 그에 맞는 벼슬이 아니었다. 그는 중년 이후로 주색에 병들어 자신을 충분히 단속하지 못하였지만, 탐욕스럽고 사악한 사람을 미워하여 술이 취하면 권귀權貴를 가리지 않고 곧바로 면전에서 꾸짖었다."

다만 그를 술주정뱅이라고 한 반대파의 비난은 그의 정치적, 문학적 업적이나 기타 행적 등을 볼 때 크게 과장되었다고 생각한다.

소주에 산초를 타서 마신 세자의 스승

근래 술이 싱겁다며 맥주에 소주나 양주를 섞어 마시는 폭탄주가 유행하고 있다. 반면 조선 후기에는 소주에 독한 산초를 타서 먹은 폭주가暴酒家가 있었다. 효종 8년1657에 임금이 《시경》의 〈빈지초연장〉을 강하는 주강에서 어떤 사람에 대한 이야기를 언급한 바 있다.

"근래 사대부들이 술 마시기를 숭상하는 버릇이 더욱 심해지고 있다. 전라도 도사 장건張鍵이 주정하고 싸운 짓은 놀랄 만한 일이다. 전에 내가 심양에서 보니 한형길韓亨吉은 소주를 실컷 마시고도 만족하지 않아 반드시 천초川椒로 술맛을 돋우었다. 이처럼 하면서 생명을 보전하겠는가. 지금의 이름난 벼슬아치란 자들은 저마다 술 마시기를 높은 풍류인 양 여기며, 국사에 생각을 두는 자가 있으면 도리어 하찮은 무리로 지목한다. 어찌 한심스럽지 않겠는가."

효종은 병자호란丙子胡亂 직후인 1637년 봉림대군鳳林大君 시절에 소현昭顯 세자와 함께 청나라의 수도 심양에 잡혀가서 8년 동안 지냈다. 이때 있었던 일을 회상했던 것이다.

한형길은 술을 매우 좋아하고 세기도 했던 모양이다. 소주가 약하다며 매운 천초를 섞어서 마셨다고 할 정도다. 소주에 고춧가루를 타서 먹었다는 소리는 들었어도 천초를 섞어서 마셨다는 말은 생소하다. 천초는 초피나무의 열매로 산초라고도 불린다. 특이한 냄새가 나고 매우 매우며 독이 있다고 알려져 있다. 요즘은 소주에 타서 먹기보다는 추어탕 등의 민물고기 요리에 넣어서 맛을 돋우기 위해 많이 사용하고 있다.

한형길은 선조 때 진사시進士試에 합격하고, 광해군 12년1620 호조좌랑으로 있으면서 문과에 급제했다. 인조 15년1637 우승지에 임명되고, 병조 참의를 거쳐 도승지까지 이르렀다. 인조 20년1642에는 세자시강원 빈객으로서 소현 세자를 따라 심양에 다녀오기도 했다. 세자를 잘 보필하지 못하고 심양에서 일어나는 일들을 조정에 상세히 보고하지 않았다는 이유로 한양으로 압송되어 파직되기도 했다. 그 이후 강원도 관찰사와 병조 참판을 지냈다.

인질로 잡혀간 소현 세자와 봉림대군을 모시던 세자의 스승이 산초를 탄 독주를 마시고 술에 빠져 있었다고 한다. 타국 살이가 어려워서라고 하더라도 올바른 처신은 아니었다고 하겠다. 아마도 그가 파직된 또 하나의 이유였을 것이다.

술고래는 수령으로 삼지 마소서

숙종 7년1681 1월에 박순朴純을 밀양 부사로 제수하였다. 그는 수령직을 두루 역임했지만 공적이 없었고, 성품이 술 마시기를 좋아하였다. 전임 밀양 부사 심추沈樞가 술 마시기를 좋아해서 교체하기를 아뢰어 겨우 대신할 사람을 선택했는데, 잇따라 비슷한 사람이 되어 버린 것이다. 동시에 함양 부사로 제수된 윤원尹源은 본래 주당이라 일컬어진 사람이었다고 한다.

의정부에서는 박순과 윤원을 다른 사람으로 바꾸고, 이후로 술을 좋아하는 자는 수령으로 임명하지 말라는 건의를 하였다. 임금은 술 마시는 사람을 수령에 임명하지 못한다면 사람이 부족해서 허다한 고을에 어찌 다 보내겠냐며, 큰 부府와 다스리기 어려운 곳 말고는 얽매이지 말라고 지시하였다.

어이없는 취중 실수

임금을 '너'라고 부른 정승

세조의 즉위에 결정적인 공을 세워 정난공신 1등과 좌익공신 2등에 봉해지고, 절대적인 신임을 받아 영의정까지 오른 정인지는 술이 약하다는 결정적인 약점을 지니고 있었다. 정치 생명을 위태롭게 할 정도의 치명적인 실수를 술로 인해 자주 저지르곤 했다. 특히 임금 앞에서 취중 실수를 하여 큰 물의를 일으키고 곤욕을 치른 적이 여러 번이었다. 비록 당시가 술에 관대한 시대였다 하더라도 임금에게 저지른 취중 실수는 바로 불경이요, 무례였다. 어떠한 처벌도 감수해야만 하는 일종의 범죄 행위였다.

첫 번째 실수는 세조 4년1458에 있었다. 당시 세조는 불교에 심취하여 《법화경法華經》, 《대장경大藏經》 등을 간행하는 등 불교 진흥을 꾀하고 있었다. 그해 2월 12일 임금이 대신들과 함께 가진 잔치에서 영의정 정인지가 술에 취하여 불경 간행에 반대하는 발언을 했다. 임금이 노하여 잔치를 끝내고 말았다. 다음 날 임금은 종친, 대신, 승지 들이 참석한 활쏘기 관람 자리에서 정인지에게 따졌다.

"내가 복세암福世庵을 세우고 불경을 베끼는 종이를 만들어도 경은 대신으로서 한마디 말도 없었다. 어제 취중에 나를 욕보인 까닭은 무엇인가?"

"취중의 일이라 기억하지 못합니다."

"어제의 말은 경이 취해서 기억하지 못한다고 했다. 지금은 취하지 않았으니 일일이 내게 고하라. 부처의 도리는 어떠하며, 유학의 도리는 어떠한가?"

정인지는 분명하게 대답하지 못하였다.

"왕이 묻는데 경이 대답하지 못한다. 이것은 불경함이다."

정인지가 또 어제 너무 취하였다는 핑계를 대며 끝내 분명하게 밝히지 않았다. 그런 다음 정인지가 물러 나와서 탄식하였다.

"좌찬성 신숙주는 잘 마시면서도 마시지 않았다. 나는 신숙주의 잘 마시면서도 마시지 않음만 같지 못하였는데도 이 지경에 이르렀다."

날이 저물어 정인지가 돌아갔다. 임금은 정인지에게 《중용中庸》과 《대학大學》에 대하여 물었으나 말귀마다 무례하게 대답하는 등 오만하여 왕을 능멸하였다고 말했다. 그러면서 정인지를 의금부에 가두어 국문하라 명하고, 영의정에서 해임하고 직첩을 거두었다. 하지만 갑자기 마음이 바뀌어 다음 날 승지 등을 불러 논의하고 정인지를 석방토록 명하였다.

"정인지는 스스로 높은 체하는 자여서 부득이 의금부에 내렸다. 그러나 노신老臣이 오랫동안 옥중에 있기는 불가하다."

며칠 뒤 의정부와 육조의 대신들과 대간이 정인지를 법대로 처벌하기를 청하였다.

"신하의 죄는 불경보다 큰 것이 없습니다. 정인지는 성상께 무례하여 법으로 용서할 바가 아닙니다. 단지 직첩만을 거두시지 말고 법대로 조처하십시오."

"정인지는 단지 명예를 구하고 스스로 높은 체하였을 뿐 본래 다른 뜻이 없었다. 경들은 다시 말하지 말라."

임금은 윤허하지 않았다. 오히려 정인지의 직첩을 도로 돌려주고 하동부원군으로 삼았다. 같은 해 6월에는 정인지를 좌익공신 2등으로 봉하는 교서를 내렸다. 좌익공신은 원래 사육신死六臣의 단종 복위 계획을 미리 알려 세조가 즉위하는 데 공을 세운 사람들에게 내린 공신 칭호이다. 이때에 와서 뒤늦게 정인지 등의 좌익공신들에게 책훈策勳 교서를 내렸다. 어쨌든 교서에서 임금은 정인지에 대한 신임을 다시 한 번 강조하였다.

"임금과 신하는 한 몸이요, 예나 지금이나 서로 도와 합한다. 경이 나에게 충성을 다하고 절개를 지키는 것은 내가 경에게 무엇이든지 하지 않음이 없음을 알기 때문이다. 덕을 높이고 공을 보답하는 것을 어찌 감히 남보다 뒤에 두겠는가? 이에 좌익 2등 공신으로 책훈하고, 그 부모와 처에게 봉작하며, 유사有赦가 오랫동안 미치게 한다. …… 태산이 숫돌처럼 되고 황하가 띠처럼 되도록 더욱 너의 후손이 무궁하게 번창하게 하라."

유사는 임금만의 특권으로 죄인의 죄를 사면하거나 형을 줄여주는 것을 말한다. 첫 번째 실수는 이처럼 잘 넘어갔으나, 두 번째 실수는 정인지를 더욱 큰 곤경에 빠뜨렸다. 7개월 뒤인 9월 15일에는 급기야 술자리에서 세조를 '너'라고 부르는 크나큰 불경을 저지르고 말았다. 감히 임금에게 '너'라고 일컬었다. 왕조 시대에는 도저히 있을 수 없는 엄청난 망발이었다. 의정부와 육조, 공신에 관한 사무를 관장하던 충훈부忠勳府의 대신들과 관원들이 일제히 일어나 엄히 벌해야 한다고 주장했다. 임금으로서는 공신인 정인지를 처벌하기가 어려웠다.

"정인지는 실로 죄가 없다."

여기서 물러설 신하들이 아니었다. 마땅히 정인지를 국문해야 한다고 주장했다. 이번에도 임금은 여전히 그를 감싸고돌았다.

"죄의 정상이 없는데 어찌 죄를 묻겠는가?"

임금이 쉽사리 청을 받아들이지 않으리라고 생각한 신하들은 한 발 물러섰다.

"만약 정인지를 공신이라 하여 처벌하지 않는다면 마땅히 벼슬을 파하고 고향으로 돌려보내어 신들의 기대에 답하십시오."

"이 말이 어디서 나왔는지 나는 모르겠다."

임금은 마찬가지로 윤허하지 않았다. 다음 날에도 의정부와 육조, 충훈부의 관원들은 다시 정인지를 처벌하기를 청하였다. 임금은 전교를 내려 처벌할 수 없다는 뜻을 전하였다. 임금이 뜻을 굽히지 않자 임금의 아우인 임영대군臨瀛大君 이구李璆가 나섰다.

"정인지가 한 말을 보면 진실로 역신逆臣입니다. 성삼문成三問과 다를 것이 없습니다. 그 죄는 주벌誅伐을 면할 수 없습니다."

정인지가 성삼문 같은 역적이라며 목을 베어 죽여야 한다는 것이었다. 이번에도 임금은 일축하고 말았다.

"대신의 죄는 종친이 논할 바가 아니다."

임금의 거부에도 영중추원사領中樞院事 이계전李季甸이 임영대군을 거들고 나섰다.

"군신 간에는 남을 업신여기고 혼자 잘난 척할 수 없습니다. 지금 정인지는 성상께 '너'라고 칭하였습니다. 그를 베어 죽이십시오."

임금은 판원사判院事 권남權擥과 의논하여 결정하겠다며 권남의 의견을 물었다.

"정인지의 말은 죽어도 그 죄를 속죄할 수 없습니다."

권남 역시 그를 죽여야 한다고 건의하였다. 도리어 임금은 권남을 나무랐다.

"경의 말이 너무 심하다."

권남이 한 발 물러서 아뢰었다.

"먼 지방에 안치하여 목숨을 보전하게 함이 어떻겠습니까?"

대간에서도 대신들의 청을 따르기를 주장하였으나, 임금은 윤허하지 않았다. 신하들의 태도가 강경해지자 정인지도 더 이상 버티지 못하고 스스로 작위를 사임하겠다는 글을 올려야만 했다.

"얼마 전 성상의 물으심에 답할 적에 한마디 말로 조언을 드린 가운데, 신이 마침 술에 취하여 그 말을 기억할 수 없습니다. 요즈음 여러 신하들이 신의 처벌을 청하는 말과 같은 것은 몽매에도 생각할 수 없는 바이며, 절대로 그와 같은 뜻은 없었습니다.……

엎드려 바라건대 전하께서 신의 노년을 불쌍히 여기시고 신의 두려워하는 정상을 살피셔서, 신의 작위를 해임하고 한가한 곳에 처해 있게 하여 타고난 수명을 마치게 하시면, 신은 이 생명을 다하도록 항상 종사의 만년萬年을 축원하겠습니다."

　정인지는 자기가 했다는 말은 술 취해 기억에 없지만, 신하들이 처벌을 원하므로 작위를 해임시켜 달라고 청하였다. 정인지가 작위의 해임을 청하는 글을 올리자 의정부, 육조, 충훈부에서는 다시 상소를 올렸다. 임금이 훈구勳舊 대신이라 하여 매번 너그러이 용납해 주었기에 정인지가 거만하고 무례한 태도를 번번이 나타낸다는 비난이었다. 그러나 임금은 정인지를 두둔하는 전교를 내렸다.

　"정인지가 취중에 한 말은 모두 오래된 친구의 정을 잊지 못하고 한 말이다. 다른 뜻이 있어서가 아니다. 더구나 정인지는 나라 일을 맡아 보는 대신도 아니고, 노쇠한 일개 부유腐儒일 뿐이다. 어찌 족히 논하겠느냐?"

　부유는 생각이 낡고 완고하여 쓸모없는 선비란 뜻이다. 마침내 정인지의 두 번째 취중 실수도 아무런 처벌을 받지 않고 그냥 넘어갔다.

　정인지의 세 번째 취중 실수는 이듬해인 세조 5년1459 8월 1일에 발생하였다. 그날 임금이 종친에게 경서를 강한 후 하동부원군 정인지를 내전으로 불러 술자리를 베풀었다. 정인지는 또 술에 취하여 임금에게 무례한 짓을 했다. 이튿날 좌의정 강맹경, 좌찬성 황수신黃守身, 우찬성 권남, 예조 판서 홍윤성 등 의정부와 육조의 대신들은 정인지가 임금에게 무례한 말을 했다면서 국문해야 한다고 주장하였다. 역시나 임금은 정인지 편을 들었다.

"정인지의 무례한 짓은 오늘에 시작된 것이 아니다. 매번 술에 크게 취하면 이와 같으니 어찌 책망할 수가 있겠는가? 또한 내전에서 사사로이 모였던 일을 말하여 밝힐 수가 없다."

"평범한 사람일지라도 친구 사이의 교제에서는 마땅히 서로 존경하여 대우해야 하는데, 하물며 군신 사이는 어떠하겠습니까? 그가 반드시 불경한 마음을 늘 가지고 있기 때문에 여러 번 말을 하는 것입니다. 어찌 내전에서 있었던 일이라고 해서 숨겨 두겠습니까?"

"정인지는 공신이라 죄를 가할 수는 없다. 그를 불러 경들이 모인 자리에서 질책하여 스스로 허물을 깨닫도록 하겠다."

"공신의 조그만 실수는 용서할 수 있지만, 만약 불충이나 불효의 죄라면 사사로이 용서할 수 없습니다. 법이란 천하 고금의 공공公共에 관련된 일이라 군주가 사사로이 할 수는 없습니다. 정인지의 죄는 불경에 관계되어 죽어도 남는 죄가 있습니다. 청컨대 죄를 다스려 용서하지 마십시오."

"친히 경들이 보는 자리에서 정인지를 깊이 책망하겠다."

임금이 종친과 대신들이 모인 자리에서 정인지를 불러 친히 책망하여 타이르고는 파직을 명하였다. 강맹경 등의 신하들이 다시 아뢰었다.

"정인지의 죄는 최소한 직첩을 거두고 지방의 일정한 곳에 거주를 한정하는 벌을 내려야 할 정도입니다. 다만 관직만 파면하여 신들은 실망하고 있습니다."

임금은 의금부에 명하여 정인지의 직첩을 거두고 죄인을 지방의 일정한 곳에 안치하는 형벌인 외방종편外方從便을 내렸다. 신하들의 파상적인 공세에 임금은 이번만은 어쩔 도리 없이 정인지를 파직하고 귀양을 보내지 않으면 안 되었다.

정인지를 외방종편하도록 한 후에도 공격이 계속되었다. 충훈부에서 그를 공신적功臣籍에서 삭제해야 한다는 주장을 들고 나왔다.

"성은으로 관대히 용서하여 다만 외방종편하도록 했습니다. 죄는 큰데도 형벌은 가볍습니다."

"취중에 한 일은 논할 바가 못 된다."

그 후에도 충훈부와 대간에서 여러 번 정인지의 불경죄를 엄하게 처벌해야 한다고 아뢰었으나 모두 허락하지 않았다. 당시 대간에서는 계속하여 목소리를 높였다.

"정인지는 여러 번 불경한 죄를 범하였습니다. 이것이 어찌 과오라고만 하겠습니까? 불경한 마음이 상시로 속에 쌓여 있다가 문득 밖에 나타난 것입니다. 그런데도 다만 종편하여 시골에 편안히 앉아 있도록 했습니다. 무엇이 꺼리는 바가 있어서 징계되겠습니까?"

우여곡절 끝에 충청도 부여로 외방종편된 정인지는 겨우 세 달 만에 풀려나 역마驛馬를 타고 상경하라는 왕명을 받았다. 그렇게 되자 이번에도 예외 없이 의정부, 충훈부, 대간에서 부당함을 주장하였다. 임금은 "전일에 죄를 더함은 실로 나의 과실이다."라거나, "정인지는 나이가 이미 늙었다." 하면서 윤허하지 않았다. 특히 '정인지에게 내린 형벌이 가벼운데 다시 역마를 주어 상경하게 하면 부당하다'는 좌찬성 황수신黃守身의 주장에는 강경한 태도를 보였다.

"정인지가 취중에 한 일을 어찌 책망하겠는가? 하물며 연로하지 않은가? 경의 말은 결단코 따를 수가 없다."

임금은 정인지의 직첩도 돌려주도록 명하였다. 이리하여 정인지의 세 번째 취중 실수는 일단락되었다.

정인지의 네 번째 취중 실수는 세조 6년1460에 일어났다. 그해 11월 3일 임금 일행이 파주에 있는 파평산坡平山에서 사냥하는 것을 구경하고, 밤에 벽제역碧蹄驛에 이르렀다. 임금이 그곳에서 하동부원군 정인지, 우의정 권남, 봉원부원군蓬原府院君 정창손鄭昌孫 및 육조판서 이상의 대신들을 불러 술자리를 베풀었다. 술이 두어 차례쯤 돌며 먼저 평안도와 황해도에 백성을 옮기는 일 등을 의논했다. 그러다가 논의가 지리地理와 형승形勝에 이르게 되자 임금이 말하였다.

"평양에서 행궁行宮의 자리를 외성外城에 얻었는데, 매우 좋다."

정인지가 말하였다.

"평양은 수세水勢가 비록 좋다고 하더라도 주산主山이 미약하여 궁실宮室을 세우기가 불가합니다. 송도는 주산에 기복起伏의 본말本末은 있으나 남산이 너무 멀어서 한양만 같지 못합니다. 만일 지리의 심오함을 논한다면 주상께서는 실로 알지 못할 것입니다."

임금이 지리에 대해 잘 모른다고 무시하는 듯한 발언이었다. 이어서 공물 대납의 폐단에 대해 임금이 물었다. 정인지는 너무 취하여 자세하게 조목조목 아뢰지 못하고 같은 대답만 되풀이하였다.

"불가합니다. 불가합니다."

임금이 노하여 말하였다.

"술을 마시며 담론하는데 정인지가 나를 욕하였다. 무슨 소견이 남보다 월등하게 낫기에 정인지가 교만하여 남을 깔보고 사람을 업신여김이 여기에 이르렀는가? 경박하기가 당시에 제일이다. 정인지가 세종에게 큰 총애를 받아 문종을 세자 시절에 가르친 공이 있어 다만 옛 늙은이로 대접할 뿐, 나에게는 아무런 공로도 없다. 소년 시절에 과거 급제하여 일찍이 뜻을 이루어서 그 폐단이 여기에 이르렀다. 관계 기관으로 하여금 죄를 다스려야 하겠으나, 노인이고 취중에 한 실수여서 죄를 물을 것도 못 된다. 내가 벌을 가하지 않겠다."

정창손, 권남 등이 나아와서 말하였다.

"정인지가 늙고 쇠하여 술만 마시면 대답에 실수가 있습니다."

정인지는 오히려 깨닫지 못하고 말하였다.

"주상께서는 나에게 어찌 매번 이와 같은가?"

임금이 특별히 부드럽게 용서하고 정인지의 아들인 하성위河城尉 정현조鄭顯祖를 불러 아비를 데리고 나가라고 하였다.

아무리 술에 관대한 조선이라도 임금에 대한 불경만은 용서할 수 없었다. 그렇다고 공신 출신의 나이 많은 대신을 취중 실수라는 이유로 엄하게 처벌하기도 어려운 노릇이었다. 정인지의 사례는 이와 같은 왕과 신하와의 아슬아슬한 관계를 상징적으로 보여주는 사건이었다.

영의정의 실언과 선위 소동

세조 8년1462 5월 8일 아침에 임금이 경복궁 사정전에서 정사를 보고 영의정 정창손, 우찬성 구치관, 예조 판서 홍윤성, 병조 판서 윤자운 등 의정부, 육조의 재상들과 술자리를 가졌다. 술을 마시며 성균관 유생의 평가와 공물 대납의 문제 등에 관한 이야기가 오고 갔다. 마침 양녕대군 이제李禔가 충청도 연풍의 온천에서 돌아와 임금이 인견하고 술을 올리게 하였다. 이어서 임금이 정창손과 함께 세자의 학문에 관해 의논하였다.

"세자의 학문이 크게 통달한 뒤에 국사를 돌려주려고 한다."

임금이 갑자기 선위禪位를 언급하였다. 그러자 정창손이 맞장구를 쳤다.

"진실로 마땅합니다."

그때 다른 신하들은 모두 아무 말을 못 하고 있었는데, 홀로 양녕대군이 나섰다.

"성상의 말씀이 무슨 뜻인지 잘 알지 못하겠습니다. 정창손이 실수로 대답하여 옳지 못합니다."

아침의 소란은 이렇게 끝났다. 그날 저녁 임금이 교태전交泰殿에 나아가 도승지 홍응洪應에게 느닷없이 당장 선위하겠다는 폭탄선언을 했다.

"내가 선위하려고 한다. 속히 모든 일을 준비하라."

홍응이 몹시 놀라고 이유를 알지 못하여 엎드리고 밖으로 나가지 못했다. 임금이 나가라고 엄하게 재촉하자 홍응이 천천히 아뢰었다.

"선위는 중대한 일입니다. 신하가 차마 듣지 못할 일이어서 감히 명을 받들 수가 없습니다."

임금이 홍응에게 일어나 나오게 하여 손을 잡고 말하였다.

"정창손이 나에게 빨리 왕위를 버리라고 하였다. 네가 나의 명을 따르지 않음은 어째서인가?"

"오늘 아침에 정창손이 한 말을 신은 실로 미처 알지 못하였습니다."

임금이 도진무都鎭撫로서 당직을 서고 있던 이극감을 불러서 물었다.

"정창손의 말이 그와 같았습니다."

"조정이 모두 나를 미워하기 때문에 정창손의 말이 여기에 이르렀다. 내가 무슨 미련이 있어 더 이상 왕위에 머무르겠는가?"

임금은 정창손이 자기에게 왕위를 선위하라 했다고 알아들어 화가 나서 도승지에게 선위 절차를 준비하라고 지시했던 것이다. 다음 날 임금이 교태전에 나아가 도승지 홍응을 불러 다시 선위하겠다는 뜻을 표명하였다.

"조정의 여론이 나를 족하다고 여기지 않고 있다. 정창손의 대답이 바로 그것이다. 인심의 향배도 저와 같을 것이다. 임금의 정무가 번거롭게 많아 근심하고 수고하며 처결하기를 더욱 감당할 수 없다. 어찌 스스로 처할 도리를 알지 못하겠느냐? 우리 조정이 조종으로부터 모두 안으로 선위하고 서로 승계할 때에 가법家法의 아름다운 일로서 하였다. 내가 금일에 세자에게 전한다면 국사와 종묘사직에 얼마나 아름다운 일이겠는가?"

"어제 술자리에서 정창손은 본래 마시지 않았으며, 언어도 구차하지 않았습니다. 그의 대답에는 반드시 까닭이 있을 것입니다. 원컨대 해당 관청에 내려 국문하십시오."

임금은 홍응의 요청을 윤허하지 않았다. 좌의정 신숙주, 우의정 권남, 좌찬성 황수신 등도 정창손을 국문해야 한다고 아뢰었다.

"내가 세자의 학습이 날로 자람을 기쁘게 여겨 칭찬하며 '학문이 크게 통달한 뒤에 국사를 돌려주려고 한다'고 말했다. 정창손이 생각하지 못한 사이에 조금 언세言勢를 잃었을 뿐 깊은 뜻이 있는 것은 아니었다."

임금은 오히려 정창손을 두둔하였다. 신숙주 등이 다시 아뢰었다.

"공신이며 대신으로서 성상의 교지가 이와 같음을 들었으면 더욱 아픈 마음으로 굳이 간쟁諫諍해야 하거늘, 도리어 '진실로 마땅합니다'라고 하였습니다. 죄가 이보다 무엇이 크겠습니까? 또한 이런 큰일을 어찌 조심성 없이 망령되게 대답하였겠습니까? 반드시 까닭이 있을 것입니다."

"공신을 죄주는 것은 불가하다. 큰일에 용서하는 것이 바로 은혜이다."

"작은 죄라면 용서하겠으나, 이와 같은 죄를 공신이고 대신이라 용서한다는 것은 불가합니다."

"내가 장차 생각해 보겠다."

다음 날에도 하동부원군 정인지, 좌의정 신숙주, 우의정 권남과 공신의 적장자 출신 당상관들이 몰려와서 정창손의 처벌을 주장하였다.

"정창손이 한 말은 한마디의 실수지만, 관계되는 바가 매우 크다. 나라를 어지럽히는 불충한 무리가 오히려 잇달아 계속하여 일어날 만하다. 이것이 정창손의 큰 잘못이다."

열화와 같은 신하들의 성화에 임금은 드디어 정창손을 파직하게 하였다. 그러고 나서 다음처럼 전교하였다.

"내가 아들을 지나치게 사랑하여 지극히 칭찬하다가 정창손에게 죄를 짓게 하였다."

정창손을 파직했으나 이번에는 대간들이 죄보다 가벼운 처벌이라고 주장했다. 임금이 처음에는 답하지 않았다. 대간에서 더욱 엄한 처벌을 계속 청하자 임금은 정창손을 지방에 유배하라는 명을 내렸다. 그 후 충훈부는 정창손을 공신적에서 삭제하기를 청하였다. 임금은 그것만은 끝내 윤허하지 않았다.
 술자리에서의 사소한 말 한마디가 큰 파란을 일으켜 영의정에서 파직되고 귀양을 가는 사태로까지 발전했다. 자고로 말은 어떤 자리에서건 신중하게 하고 볼 일이다.

명장의 취중 실수

 어유소魚有沼는 조선 초기의 대표적 무장이다. 그는 세조 2년1456 무과에 장원으로 급제한 뒤 세조 6년1460 북방 정벌에 공을 세워 파격적으로 절충장군折衝將軍이 되었다. 세조13년1467에 이시애李施愛가 반란을 일으키자 1,000명의 군사를 이끌고 북청, 경성 등에서 많은 공을 세웠다. 난이 평정되자 적개공신敵愾功臣 1등으로 예성군蘂城君에 봉해졌다.
 명장이자 공신인 어유소가 술 때문에 대간의 탄핵을 받아 큰 곤욕을 치른 적이 있다. 성종 7년1476 4월 사헌부 대사헌 윤계겸尹繼謙과 사간원 대사간 최한정崔漢禎 등이 상소를 올렸다. 의정부 우참찬右參贊 어유소가 성균관에서 열린 석전제釋奠祭 후 음복을 하고 취해 궁궐에서 놓아 보낸 궁녀 녹금祿今을 희롱하며 노래 부르게 하고 술을 따르도록 하였다는 상소였다. 거기에다 성균관 유생들이 시험을 보는 날에는 녹금의 집에 가서 간음하고 저녁에야 돌아왔다는 것이다. 그러면서 윤계겸과 최한정은 어유소의 처벌을 주청하였다.
 "성균관은 풍화風化의 본산지이고, 참찬은 의정부의 대신입니다. 그런데도 소행이 이와 같습니다. 하물며 녹금은 대궐에서 놓아 보낸 궁녀입니다. 궁녀를 범한 자에 대한 처벌 규정이《경국대전經國大典》에 실려 있습니다."

풍화는 교육으로 교화함을 말한다.《경국대전》에는 질병 등으로 궁궐 밖으로 내보낸 궁녀를 범한 자는 곤장 100대에 처하도록 되어 있었다.

"내가 옳게 여기는 바는 아니지만 취중에 한 행위이다. 어유소는 큰 공도 있어 특별히 용서하고자 한다."

이번에는 사간원 사간 박숭질朴崇質이 아뢰었다.

"의정부의 대신으로서 풍화의 본산지에서 음란한 희롱을 하였습니다. 어찌 죄가 없겠습니까? 만약 공신이라 하여 용서한다면 기강이 해이해질 뿐만 아니라, 나라의 체면도 손상되지 않겠습니까?"

"공신에게 죄가 있으면 비록 그 죄가 크더라도 반드시 용서하는 것이다. 그런 작은 일을 가지고 벌하겠는가? 취중의 일이라 조금도 아는 바가 없으니 어찌 정실情實이 있겠는가? 하물며 녹금이 대궐에서 놓아 보낸 궁녀임을 참찬이 어떻게 알았겠는가?"

그 후에도 윤계겸 등이 반복하여 아뢰었으나 끝내 들어주지 않았다.

"공은 크고 죄는 작아 용서한 것이다."

대간이 연달아서 탄핵을 하자 어유소는 임금에게 사직을 청하였다.

"성상의 은혜야 어떻게 다 헤아리겠습니까. 다만 의정부는 모두가 바라보는 곳입니다. 신이 성균관에서 실례를 하여 부끄러운 얼굴로 직책에 나아가기가 양심상 미안한 일입니다."

"취중에 한 일인데 무얼 그리 불안하게 여기는가? 그러나 예의를 지켜야 할 곳에서 그렇게 하여 상당히 잘못하였다. 다만 공은 크고 죄는 작아 용서한다. 사직하지 말라."

심각한 취중 실수에도 불구하고 어유소는 별다른 처벌을 받지 않게 되었다.

양반 부인을 모욕한 관리

예조 정랑 우계번禹繼蕃은 술을 먹고 취하면 정신이 희미해져서 깨닫지를 못하였다. 요즈음 식으로 말하면 필름이 자주 끊겼던 모양이다. 세조 3년1457 6월 10일에도 명나라 사신을 위한 잔치를 감독하여 술에 취해 집으로 돌아가게 되었다. 가는 길에 마침 영접도감사迎接都監使 조숙생趙肅生의 아내가 말을 타고 지나가는 모습을 보았다. 술에 취한 그는 조숙생의 아내가 기생이라고 생각하여 하인을 시켜 끌어 내렸다. 하인이 여인을 보고 말하였다.

"기생이 아닙니다. 양갓집 부인입니다."

우계번이 꾸짖으며 말했다.

"말군襪裙도 입지 않고 말을 탄 자가 어찌 기생이 아니겠느냐? 기생이 예조의 관리에게 무례하게 굴 수가 있느냐?"

말군은 양반집 여인들이 치마 속에 입던 바지이다. 말군을 입지 않았다고 기생이라 여긴 것이다. 우계번은 여인의 머리채를 움켜쥐고 휘두르며 채찍질을 하였다.

조숙생이 아내의 일을 임금에게 아뢰었다. 임금이 의금부에 명하여 관련자들을 국문하게 하였다. 이 사건을 두고 사관史官은 다음과 같이 덧붙였다.

"옛날 풍속에 부인들이 말을 타면 면사를 머리에 드리우고 말군으로 묶었다. 지금 사람들은 간략한 예법에 따라 종종 옷을 간편하게 하고 면사를 말아 올리고도 뻔뻔스럽게 부끄러워하지 않는다. 풍속의 폐단이 하나같이 이 지경에 이르렀다. 그렇다면 조숙생의 처를 욕보인 것이 우계번이 술에 취하였기 때문만은 아니다. 실은 조숙생의 집에서 스스로 욕을 부른 것이다."

사관은 여자가 행동거지나 옷차림을 잘못해 욕을 자처하였다면서 당시 여인들의 행실을 비판하였다. 성리학적 남녀 차별 관념이 정착되어 가던 시기의 한 단면이다.

무엄하게도 임금의 옥좌에 올라가다니

세조 1년1455 11월 20일 임금이 경복궁의 편전인 사정전에 나아가 상참을 받고 정사를 보고난 후 조그마한 술자리를 베풀었다. 종친, 의정부 대신, 대간, 병조 판서, 이조 판서, 승지 등이 참석하였다. 이때 사헌부 집의 이예李芮가 술에 취하여 임금이 앉는 평상인 어탑御榻으로 올라가 당나라 태종의 고사를 대며 금성대군錦城大君 이유李瑜 등의 처벌을 강력히 주장하였다. 이유는 역모 혐의를 받고 있었다.

임금은 그를 벌하지는 않고 오히려 이튿날 이예에게 담비 가죽으로 만든 방한구를 하사하였다. 이예가 감사히 여기며 전날의 술주정을 사죄하고 대죄를 청하였다. 임금은 술주정을 용서하여 대죄하지 말라고 명하였다. 세조는 술에 대해서는 매우 관대한 태도를 보였던 것이다.

이예는 세종 23년1441 문과에 급제한 후 집현전 박사가 되어 세종의 총애를 받았다. 15년 이상 집현전에 있으면서 유신으로서의 능력을 보였다. 신숙주, 성삼문, 정인지 등과 함께 《칠정산내편七政算內篇》, 《칠정산외편七政算外篇》, 《고려사高麗史》 등의 편찬에도 참여하였다. 그는 세종부터 성종까지 5대 왕을 모시면서 이조 참판, 대사헌, 개성 유수留守, 공조 판서, 한성부 판윤判尹, 형조 판서 등의 요직을 두루 거쳤다.

임금 앞에서 기생을 희롱하다

노래하고 춤추며 악기를 연주하는 기생을 임금이 베푸는 연회에서 희롱하는 것은 불경에 해당하는 일이었다. 만취한 신하들에 의하여 심심치 않게 이런 일이 발생하곤 했다.

성종 11년1480 12월 경복궁 선정전宣政殿에서 열린 연회에서 동지중추부사 이계동이 술에 취하여 임금 앞에서 기생 연경비燕輕飛를 두세 번 부르고 감을 던지며 희롱하였다. 의금부에 의하면 직첩 몰수와 곤장 60대, 죄인을 중노동에 종사시키는 형벌인 도형徒刑 1년에 해당하는 중죄였다. 임금은 취중에 일어난 일이라고 하여 다만 직첩을 거두고 전라도 해남에 유배하도록 명하였다. 대간들은 처벌이 약하다며 더욱 강력한 처벌을 주청하였다.

"신하가 임금 앞에서 기생을 희롱하는 일이 어찌 있을 수 있겠습니까? 만약 술에 몹시 취하였다면 마음이 어떻게 해서 나왔겠습니까? 틀림없이 평소의 마음이 발동함을 억제하지 못한 것입니다. 불경이 이보다 더 심할 수 없습니다."

"재상들이 모두 취하여 상당군上黨君 한명회는 취해 부축하여 나갔고, 이계동은 땅에 엎드려 잤다. 이것은 취중의 실례여서 불경으로 논죄하기에는 지나친 듯하다."

임금의 뜻에도 대간이 굳이 주청하기를 그치지 않았다. 임금이 좌우의 대신들에게 의견을 물었다. 영사 정창손이 아뢰었다.

"이계동이 기생을 희롱한 것은 평소의 마음이 술에 취하여 나타난 것입니다. 취하여 저질렀다는 이유로 죄를 경감하여 주는 것은 옳지 않습니다."

"먼 지방에 부처付處하는 것이 가하다."

이계동 건은 어느 곳을 지정하여 머물러 있게 하던 형벌인 부처를 내리며 마무리되었다. 정창손이 어전에서 물러나 동지중추부사 이극기李克基에게 이계동의 행동을 은근히 비판하였다.

"나는 본래 술을 마시지 않아 술에 취한 상태에서 천지天地 간의 묘미를 알지는 못하지만, 평상시에 하는 것과 참으로 다르오."

이전에도 어전에서 이와 비슷한 일이 있었다. 세조가 서연의 관원들에게 잔치를 베풀어 준 적이 있었다. 그때 대사헌과 이조 판서 등을 역임한 어효첨魚孝瞻이 취한 김에 기생과 마주 대하여 춤을 추고 목덜미를 껴안고서 빙빙 돌았다. 그 추잡한 모습과 미치광이 같은 태도는 형용하기 어려웠다고 한다. 그가 술이 깨어 사죄하자 세조가 다음과 같이 말하며 용서하여 주었다고 한다.

"내가 경들에게 술을 마시게 한 것은 이와 같은 태도를 보려고 함이다."

술에 취한 채 임금을 알현한 신하

만약 정부의 고위 관리가 술에 취한 상태로 청와대에 들어가 대통령을 만난다면 어떻게 될까. 조선 후기에는 신하가 감히 술을 마시고 취한 채 대궐에 들어가 임금을 만나거나 정사를 논의하는 일이 실제로 일어났다.

정조 14년1790 11월에 승지 신기申耆가 술에 몹시 취하여 경연에 참석했다. 그를 본 임금이 크게 나무랐다.

"면전에서 글을 받아쓸 때 술 냄새가 코를 찌를 정도로 너무도 조심성이 없다. 계설향鷄舌香을 구하여 입에 물기는 어렵다 하더라도 어찌 감히 이처럼 과음할 수 있단 말인가. 해괴하기 그지없으니 엄중하게 심문하라."

계설향은 정향나무의 꽃봉오리를 말린 약재로 입 냄새를 없애는 효과가 있다. 임금의 명령에도 별다른 조치가 취해지지는 않았다. 신기는 나중에 이조 참의와 경상도 관찰사 등을 지냈다.

숙종 9년1683에도 이와 비슷한 일이 일어났다. 그해 1월에 임금이 술을 경계하라는 교지를 내렸는데, 마침 사헌부 집의 한태동韓泰東이 어느 날 술을 마시고 입시하였다. 홍문관 박사 이이명이 아뢰었다.

"한태동의 술기운이 사람을 침범합니다. 법을 준수하는 신하로서 어찌 이와 같을 수가 있겠습니까?"

"사헌부의 관원이 몸소 먼저 법을 범하였다. 어떻게 다른 사람을 바로잡겠는가? 한태동을 교체하도록 하라."

1년 전인 숙종 8년1682에는 신하들이 임금 앞에서 술을 마시고 추태를 부린 일도 있었다. 1월 27일 밤에 홍문관 관원을 소대한 후 술을 하사하였다. 이때 술을 마신 관원들이 술에 많이 취하여 떠들고 다투었다. 추태를 부린 홍문관 관원들은 이튿날 사직하겠다는 상소를 올렸다. 임금은 취중에 저지른 실례라며 용서해 주었다.

자살로 끝난 업무 중의 음주

중종 10년1515 정월 29일 대사간 윤은보尹殷輔 이하의 사간원 관리들이 사간원 청사에 모여 업무를 보던 중 사헌부의 착오에 대하여 논의를 하고 있었다. 그날 날씨가 매우 추워 함께 술을 마셨다. 업무 중에 춥다고 사간원 관리들이 단체로 술을 마신 것이다. 이때 사간 이언호李彦浩가 먼저 취하는 바람에 논의를 제대로 진행하지 못하였다. 그러던 중 정언 이정호李挺豪가 물었다.

"오늘 사헌부에 대하여 의논한 일을 어떻게 처리할 것인가?"

그러자 헌납 임추任樞가 말하였다.

"지나간 일은 추론할 것이 아니다."

이정호가 취기에 그만 상급자 이름을 부르며 대답하였다.

"헌납 임추가 국사에 대하여 어찌 이렇게 하는가?"

이정호는 곧바로 일어서서 대사간보다 먼저 청사를 나가 버렸다. 술에 취한 정6품 정언이 상관인 정5품 헌납의 이름을 함부로 부르고는 사헌부의 수장보다 먼저 퇴청해 버린 것이다. 지금도 마찬가지만 당시에 상관의 이름을 부르거나 기관장보다 먼저 퇴근하는 행동은 큰 결례였다.

이튿날에도 사간원 관리들이 일을 하면서 술을 마셨다. 이번에도 사간 이언호가 먼저 취하여 누웠다. 사헌부의 잘못을 논의하려다가 역시 논의를 마무리하지 못하고 파하였다. 며칠 후 정언 이정호가 대궐에 나아가 임금에게 대죄를 청하였다.

"간관諫官으로서 술을 마시고 예의를 잃어 상관의 이름을 불렀습니다. 체통을 상하게 함이 이보다 더한 일이 없습니다. 대죄합니다."

"사헌부가 과실이 있으면 곧 논의를 마치고 아뢰어야 한다. 그런데도 이르는 곳마다 같이 술을 마시고 취하여 놀기만 하면서 논의를 마치지 않았다. 사간원 관리들이 모두 잘못했다. 정언 혼자의 잘못이 아니어서 대죄할 것이 없다."

그럼에도 이정호가 세 번 사직을 청했다. 임금은 여러 사람의 말을 들어 처리하겠다며 사간원의 관원들을 불러 사정을 알아보라고 승정원에 명하였다. 그러자 대사간 윤은보가 자기를 비롯한 사간원 관리들을 속히 체직시켜 달라고 청하였다.

"이것은 정언이 취중에 무심히 한 일일 것입니다. …… 신들이 큰일을 의논할 때에 술에 취하여 곧 결의하지 못하였습니다. 크게 직임을 망각하였습니다."

"내 일찍이 사간원의 주청으로 주계를 지었고, 지금은 재변으로 근신하는 때이다. 간관이 술에 취하여 일을 논의하지 못하였으니 지극히 불가하다. 그러나 그 실상을 알지 못해 여러 의견을 들으려고 불렀다. 지금 하는 말을 들으니 정언을 갈아야 하겠다. 너희들은 사직하지 말라."

사건은 결국 술에 취하여 상관의 이름을 부른 정언 이정호만 교체하는 선에서 끝나게 되었다. 이정호는 함경도 경성 판관判官으로 좌천되기에 이르렀다.

이정호는 변방의 판관으로 부임한 후 미친병이 났다. 술을 마시고 상관인 함경도 병마절도사의 수염을 끌어당기고, 경성 교수敎授 박원겸朴元謙 등을 역모 혐의가 있다고 무고하는 등 이상 증세를 보여 나중에 귀양에 처해졌다. 경기도 양근으로 귀양을 간 그는 얼마 뒤 자살하고 말았다.

음주로 인한 애초의 작은 실수가 크게 확대되어 자살이라는 커다란 비극을 야기하였다. 과거에 급제하여 홍문관 수찬과 사간원 정언 등의 요직만을 지내면서 전도가 유망했던 젊은이가 술로 인해 신세를 망쳐 버린 것이다. 어찌 누구를 탓하랴.

취중에 국청에서 시를 짓다

조선 중기의 문신으로 야담집인《어우야담於于野談》의 저자인 유몽인柳夢寅도 술 때문에 곤욕을 치른 인물이다. 그는 나라에 큰 경사가 있을 때 실시하던 임시 과거인 증광시增廣試에 장원 급제한 인재로, 임진왜란이 일어나자 홍문관 수찬으로 선조를 평양까지 호종扈從하였다. 그 후 병조 참의, 황해도 관찰사, 도승지, 대사간 등을 지냈다.

유몽인이 이조 참판으로 재직하고 있던 광해군 10년1618 4월에 그의 처사촌 정회鄭晦가 남산 기슭에서 봄 경치를 즐기려고 술병을 들고 찾아왔다. 그 동네에 사는 은개銀介라는 소녀가 가사歌詞를 잘 부른다고 하여 불러다가 노래를 시켰다. 그 소녀가 《모시毛詩》, 즉 《시경》의 〈백주栢舟〉 등 여러 편을 불렀다.

그들이 가사를 한창 듣고 있을 때 하인이 달려와 유몽인에게 국문에 참석할 시간이 임박했다고 알려 왔다. 당시 어떤 사람의 투서에 의해 1백여 명이 연루되는 옥사獄事가 일어났었다. 유몽인은 의금부의 동지의금부사同知義禁府事를 겸직하고 있어서 연루사들을 국문하는 국청鞠廳에 심문관으로 참여하고 있었다.

"이처럼 좋은 시절에 어떤 도깨비 같은 자가 감히 익명으로 고발하여 내가 이 즐거움을 만끽하지 못하게 한단 말인가."

유몽인은 즉시 가마를 재촉하여 허둥지둥 대궐로 향했다. 대궐로 가며 칠언절구七言絶句 한 수를 중얼거리던 그는 국청에 들어서자마자 종이와 붓을 찾아서 옮겨 썼다. 그 시는 다음과 같았다.

성 안의 가득한 꽃과 버들에 봄놀이 즐기는데滿城花柳擁春遊
미인이 잔을 놓고 백주장을 부르누나玉手停盃唱栢舟
장사가 홀연히 장검을 짚고 서서壯士忽持長劍起
취중에 늙은 간신의 머리 찍으려 하네醉中當斫老姦頭

유몽인은 시를 국청에 참석한 관리들에게 보여 주었다. 시에 대한 소문이 삽시간에 퍼졌던 모양이다. 며칠 후 벼슬하지 않은 유생인 이시량李時亮이 급기야 부도不道한 시라면서 유몽인을 처벌해야 한다는 상소를 올렸던 것이다.

"이조 참판 유몽인이 지난번 국청에서 회동했을 때 절구 한 수를 지어 자리에 있던 사람들에게 보여 주었습니다. 백주의 비유와 노간의 설을 보면 실로 의도가 있어 분명히 우연은 아니었습니다. 그런데도 사헌부와 사간원의 관원들은 사당私黨이 있는 줄만 알았지, 전하가 계시는 것은 모르고 귀머거리나 소경처럼 입을 다문 채 한마디도 하지 않았습니다. 유몽인의 권세가 중하다 할 만하며, 양사兩司가 패거리를 옹호함이 지극하다고 할 만합니다. 유몽인의 백주와 노간에 대한 설을 자세히 조사하여 부도한 죄를 다스리고, 패거리를 극진히 비호하며 즉시 심문하기를 청하지 않은 양사의 죄를 다스리도록 하십시오."

유몽인은 시가 부도와는 관계없다고 임금에게 항변하였다.

"취중에 나온 시이기는 해도 어찌 의도적으로 지었겠습니까. 〈백주〉는 그 아이가 늘 부르는 가사였습니다. 그 집에 이런 시편들과 고금의 가사를 모아 한 권으로 만들어 놓았습니다. 이것을 모두 주인인 이승형李升亨이 5~6년 전부터 교습시켜 왔습니다. 그 책을 조사해 보면 알 수 있을 것입니다. 노간이라는 말은 본래 박치의朴致毅를 가탁하여 변을 일으킨 자를 가리키는데, 바로 안처인安處仁 따위를 두고 한 말입니다."

유몽인은 다만 봄날 술기운을 이기지 못하여 시를 지어서는 안 될 자리에서 시를 지었고, 바깥 사람들에게 전파되어 말썽이 나게 만들었다고 했다. 모두 자신이 삼가지 못해 빚어진 일이라면서 직책을 해임시켜 달라고 요청하였다.

"참판직은 건성으로 처리할 직책이 아니고, 국청은 시를 짓는 장소가 아니다. 일이 해괴하기 그지없다. 물러가 공의公議를 기다리라."

유몽인이 항변하는 상소를 올린 다음 날 도승지 한찬남韓纘男이

이시량의 상소로 인해 대죄하면서 임금에게 아뢰었다.

"전일 국청에서 유몽인이 술에 잔뜩 취해 들어와서 칠언절구 한 수를 써서 좌중에 보여 주었습니다. 그가 말하기를 '오늘 동네 친구와 꽃구경하며 노는 자리를 마련하였다. 그런데 소녀 하나가 가사를 부르면서 《모시》의 〈백주〉까지 외웠다. 그 낭랑한 목소리가 들을 만하였다. 주흥이 반쯤 무르익었는데 의금부의 아전이 와서 국청에 참석해야 한다고 독촉하기에 마침내 옷을 떨치고 일어났다. 마음 한편으로는 익명으로 투고한 이만 아니었다면 이렇게 좋은 자리를 버려두고 국청으로 달려가지 않아도 될 텐데 하는 생각이 들었다. 이 시는 바로 분한 김에 나온 작품이다'라고 하였습니다. 좌중이 노간은 누구를 가리키는가 물어보았습니다. 몽인이 안처인 형제를 가리킨다고 대답하자 그 자리에 있는 사람들이 서로 웃고 말았습니다."

유몽인이 취중에 한 일이라고 하여 처음에는 국청에 있던 관리들이 모두들 대수롭지 않게 여겼다는 말이다. 한찬남의 말을 들은 임금은 대죄하지 말라고 명하였다. 같은 날 대사헌 남근南瑾과 대사간 윤인尹訒도 사직을 청하였다. 그들도 일의 전말을 다음과 같이 아뢰었다.

'전날 국청의 모임에 유몽인이 술에 취하여 맨 마지막에 도착하였다. 자리에 채 앉기도 전에 급히 아전을 불러서 지어 둔 시구를 쓰게 종이와 붓을 찾아오라고 하였다. 그것을 본 남근이 바로 정색하면서 이곳은 음풍농월吟風弄月 하는 곳이 아니라고 책망하였다. 유몽인이 자리를 떠나 잠시 물러갔다가 칠언절구를 크게 써서 좌중에 돌려 보였다. 거기에 과연 백주와 노간이라는 4자가 있었다.

좌중의 사람들이 일제히 노간은 누구를 가리키는지 물었다. 유몽인이 안처인 형제라고 대답하였다. 백주에 대해서는 어린 애가 잘 부르더라고 말하기에 그냥 보아 넘기고 묻지 않았다.'

임금은 대사헌과 대사간의 사직은 윤허하지 않았다. 유몽인만 동지의금부사의 직을 교체하도록 했고, 세 달 후에는 이조 참판의 직도 교체하도록 명하였다. 술에 취하여 시를 지었다가 유몽인은 관직을 박탈당하고 말았던 것이다.

나중에 사건을 실록에 기록한 사관의 평을 보면 상황이 조금 달라진다. 당시 무고로 인한 옥사와 익명서로 인한 옥사가 4개월 간격으로 발생해 국청을 오래도록 설치하였다고 한다. 당시 옥사에 연루된 자들이 1백여 명씩이나 되었다. 이런 상황에도 대신들이 출사出仕하지 않고 추관推官이 제대로 구성되지 않았다. 그런데도 날마다 심문을 벌여 유몽인이 분개하다가 술 취한 김에 위와 같은 시를 지었다는 것이다.

사관은 한성부 좌윤左尹 김개金闓와 대사간 윤인의 무리가 시를 구실 삼아 이조 참판인 유몽인의 인사권을 뺏을 목적으로 무뢰배인 이시량을 사주하여 상소를 올려 공격하였다고 보았다. 실제로 유몽인이 가졌던 동지의금부사의 직이 김개에게 넘어갔다. 또한 유몽인의 시에 나오는 노간은 실은 당시의 권세인 판의금부사判義禁府事 박승종朴承宗을 가리켰다고 한다. 사관은 이 사건을 중북파中北派와 당시의 실세인 대북파大北派 사이의 당쟁으로 해석하며, 유몽인을 당쟁의 희생양으로 보았다. 유몽인은 이전에 제기되었던 인목대비仁穆大妃 폐모廢母에 반대하여 집권 대북파의 미움을 사고 있었다.

유몽인은 2년 뒤인 광해군 12년1620 이이첨李爾瞻의 천거를 받고 예문관 제학에 제수되었으나 출사하지 않았다. 광해군 15년1623 인조반정仁祖反正이 일어난 직후 광해군의 복위를 도모하는 모의에 가담했다는 혐의를 받고 아들과 함께 형장의 이슬로 사라졌다.

남의 나라에서 추태를 부린 사신

연전에 대통령이 방미했을 때 수행원 중 한 사람이 술에 만취하여 인턴 여직원을 성추행했다가 큰 소란을 야기한 적이 있었다. 조선 시대에도 중국에 파견된 사신들이 술을 마시고 문제를 일으킨 적이 있다.

인조 15년1637 4월에 좌의정 이성구李聖求 등의 사신들이 사은사謝恩使로 청나라의 수도 심양에 파견되었다. 그곳에서 서장관書狀官 채유후蔡裕後 등이 술을 마시고 추태를 부렸다. 채유후는 술을 마시고 울부짖어 청나라 관리들이 놀라고 업신여기기까지 했다고 한다.

임금은 사신들이 방자하게 술을 마시고 삼가지 않았다고 크게 화를 내었다. 사신을 수행한 전 사서司書 이회李檜와 전 익위翊衛 서택리徐擇履를 귀양 보내고, 채유후는 파직하라고 명하였다. 그 후 처벌이 가볍다는 지사 김시양金時讓의 주청에 따라 채유후는 다시 평안도 강서로 귀양을 가게 되었다. 반면 우부빈객右副賓客 박로朴籚는 심양에 들어간 뒤로 한 번도 술잔을 잡지 않았고, 크고 작은 일을 스스로 담당하였다고 한다. 임금은 그의 충성이 아름답다면서 털옷 한 벌을 하사하였다.

채유후는 보기 드문 인재였다. 어릴 때부터 문재가 뛰어났으며,

16세에 생원시生員試에 합격하였다. 24세 때인 인조 1년1623 문과에 장원 급제하여 장래가 매우 촉망되었다. 초기에는 홍문관 교리校理, 사헌부 지평, 이조 좌랑, 사간원 사간 등을 지냈다. 외국에서의 취중 실수로 인조의 미움을 받았던 채유후는 다시 발탁되어 대사간, 부제학, 대사성 등을 지냈다. 그 후 효종, 현종 때에도 계속 중용되어 대사간, 대제학, 이조 판서, 예조 판서, 대사헌 등을 역임하였다. 8년 동안 대제학을 지내면서《인조실록仁祖實錄》,《선조수정실록宣祖修正實錄》,《효종실록孝宗實錄》편찬에 참여하였다.

채유후는 성품이 깨끗하고 까다롭지 않았으며, 글 솜씨가 좋아 한문 문체의 일종인 변려문騈儷文을 잘 지었다. 인조 때에 강빈姜嬪을 폐출하는 교서를 지은 일을 크게 자책하여 자기가 소장하고 있던《사륙전서四六全書》를 불태워 버린 적도 있다. 그러나 중년 이후 술을 너무 좋아하여 위엄이 없었고, 스스로 재능이 미약하다고 생각하여 일을 잘 맡으려 하지 않았다고 한다.

채유후는 예조 판서로 재직하던 중에도 술로 인하여 또 한 번 곤욕을 치러야 했다. 효종 10년1659 윤3월에 술 문제로 탄핵을 받고 파직되었던 것이다. 사헌부는 그가 높은 중신으로서 임금의 명을 수행하고 보고하면서 술에 취하여 부축을 받았고, 위의를 그르쳤다고 탄핵하였다. 그는 술을 좋아하여 때때로 실수를 저질러 임금의 눈 밖에 나기도 하고 여러 차례 탄핵을 받기도 했으나, 탁월한 능력으로 위기를 극복하고 계속 중용되었다. 어찌 보면 대단한 행운이라고 하겠다.

임무를 그르친 관리들

앞에서도 언급하였지만, 관리들의 음주 소동이나 취중 실수는 정말 심각한 문제였다. 몇 가지 더 살펴보기로 하자.

우선 태종 6년1406 판군기감사判軍器監事 홍섭洪涉 등이 동료들을 모아 노량진에서 화통火筒을 시험하던 도중의 음주 사건을 들 수 있다. 군기감軍器監 주부注簿 신온량申溫良이 사무를 주관하던 장무관掌務官으로서 술자리를 베풀었다. 그는 하급 관리 박중림朴仲林과 군기감의 노비 막금莫金을 시켜 몰래 소를 잡게 하였다. 홍섭 등은 악공을 시켜 악기를 연주하게 하고 기생에게 노래를 부르게 하였다.

술자리를 파하고 신온량이 박중림의 말을 빼앗아 기생을 싣고 돌아가려 하자 박중림이 말을 듣지 않았다. 신온량이 노하여 사람을 시켜 박중림을 끌어내다가 때렸고, 박중림은 신온량을 사헌부에 고소하였다. 당시 소를 잡아 술을 마시는 것을 엄하게 금하고 있어 사헌부에서 홍섭과 신온량 등을 탄핵하였다. 임금은 홍섭 등 5명을 파면하고, 신온량은 지방으로 유배시켰다.

2년 뒤인 태종 8년1408 말에 임금이 태조의 능인 건원릉健元陵에 거둥하였다가 환궁할 때도 소동이 있었다. 호군 노현수魯玄守가 술이 취하여 길옆에 누워 직무를 수행하지 않았다. 다른 호군 김시金時가 술주정을 하며 떠드는 소리가 어가에까지 들렸고, 호군 조주趙珠는 술이 몹시 취하여 자기 위치를 떠나 임의로 뒤로 떨어졌다. 병조에서 그들을 처벌해야 한다고 건의하였으나, 임금은 너그럽게 용서해 주었다.

세종 26년1444에는 사헌부 감찰監察 하우명河友明이 당직일에 술이 취해서 집에 돌아가 사헌부에서 탄핵하여 파직시켰다. 그는 좌찬성 하연의 아들이었는데, 별시위別侍衛로서 감찰에 특채되었다가 술로 인해 파면당했다.

광해군 7년1615 수찬 임성지任性之가 혼자 홍문관에서 숙직하고 있었다. 마침 친구가 술병을 차고 와서 술을 마시다가 인사불성이 되었다. 그러고도 간략하게 쓰는 상소문인 차자箚子를 작성하였는데, 취하여 잘못된 글자를 써넣기도 하였다고 한다.

인조 7년1629에는 병조 좌랑 유석柳碩이 국상 중이라 형벌을 금해야 되는 날인데도 궐내에서 술에 취한 채 장형을 집행하여 서리書吏 한 사람이 곤장을 맞다가 죽고 말았다. 유석은 사람됨이 흉험한데다 술주정까지 부렸는데, 하는 일이 매번 이런 식이었다고 한다. 병조에서는 사소한 죄인데 서리를 죽음에 이르게까지 하였다며, 해당 기관으로 하여금 죄를 다스리게 하여 인명을 중히 여기도록 해야 한다고 건의하였다. 임금도 윤허하였으나 실제로 처벌이 이루어지지는 않았다.

술 취한 내시

임금을 가장 가까이에서 모시며 궁궐 내의 잡일이나 왕명을 전달하던 내시들도 일반 관리들처럼 술을 좋아하기는 마찬가지였다. 취중 실수를 하거나 공무를 소홀히 하여 처벌을 받은 내시들이 많았다.

세종 때 승전색承傳色인 내시 최습崔濕이 술에 취하여 승정원에

전할 임금의 교지를 잃어버렸다가 의금부에 하옥된 적이 있다. 승전색은 내시부의 4품 관직으로 임금의 명령을 전달하는 임무를 띤 내시였다.

세조 때에는 의금부에 명하여 승전색 이득수李得守를 하옥하였다. 술을 마시고 일을 늦게 아뢰었기 때문이다. 그는 2년 뒤에도 내시 김만수金萬守 등과 함께 술을 마시고 정신이 혼미해져 전교를 받들지 못한 적이 있다. 마침 임금이 그를 불러 공무에 대하여 물었으나, 취하여 대답을 제대로 하지 못하였다. 임금은 의금부에서 국문하여 술의 출처와 같이 모여서 마신 자들을 찾아내도록 했다. 국문이 끝나자 이득수는 곤장 90대에 이르는 속전을 바치게 하고, 김만수는 태형 40대를 내리도록 하였다. 왕명을 전달하는 막중한 일을 맡았던 내시가 술에 취하여 업무를 제대로 수행하지 못하는 것은 있을 수 없는 일이었으나, 아끼던 사람들이라 임금은 관대한 처분을 내렸다.

연산군 3년1497에 내시 박인손朴仁孫이 대궐 밖으로 임금의 심부름을 갔는데, 술에 취하여 밤이 되어도 복명하지 않고 곧바로 자기 집으로 돌아가 버렸다. 임금이 전교하였다.

"내시로서 교만 방자한 처사이다. 내시는 술을 마시지 못하도록 법을 세워 놓았는데도 인손이 감히 이러했다. 이것은 명령을 거역한 것이다. 의금부에 내려 국문하게 하라."

국문을 당한 박인손은 곤장 60대에 처해졌다. 박인손은 정신을 차리지 못하고 두 달 뒤에도 과음하여 국문을 당했다. 그가 임금이 내려 준 술을 가지고 정승 노사신의 집에 갔다가 이튿날에 복명할 적에 술이 취하여 말이 어눌하였다. 임금은 박인손이 필시 다른 곳에서 마시고서 노사신이 술을 권했다고 핑계 대고 있고, 내시들은 술을 취하도록 마시지 못하는 법이 있는데 과음을 하였다며 의금부에 내려 국문하라고 명하였다.

박인손은 술로 인해 갖은 고초를 당했지만, 중종반정中宗反正 후 정난공신定難功臣 2등에 오르고 진천군鎭川君에 봉해져 중종의 총애를 받았다. 그러나 중종 12년1517 대간의 탄핵을 받아 직첩을 빼앗기고 궁궐에서 쫓겨나고 말았다.

내시들의 음주는 그 후에도 계속되어 임금이 직접 우려를 표명할 정도에 이르렀다. 명종 18년1563에 내린 임금의 전교에 실정이 잘 나타나고 있다.

"평상시 어느 곳에 술을 하사하면 왕명을 받드는 환관마저 공경하고 근신하는 자는 적고 거칠고 비루한 자가 많아서, 서로 권한다고 핑계하거나 왕명을 받든다고 빙자하여 취하여 쓰러진 뒤에야 끝낸다. 그러곤 다음날 오후에야 으레 결과를 보고하니 온당치 못하다."

임금이 신하에게 술을 하사하면 전달하는 내시가 같이 술을 마셔 대취하는 경우가 많았다는 것이다. 그렇게 임금까지 나서서 우려를 표명한 직후에 내시의 음주 사건이 또 일어났다. 국상이 진행되고 있던 명종 22년1567 3월 5일 임금이 종묘의 신주를 관리하는 부묘청祔廟廳에 선온을 내렸다. 승전색 주태문周泰文이 그 선온을 마구 마시는 바람에 만취해서 복명도 하지 못했다. 임금은 아무리 강권하더라도 적당히 마셔야 할 내시가 기어이 만취하여 술을 경계하는 전교를 무시하는 잘못을 저질렀다며 주태문을 심문하여 처벌하라고 명하였다. 이 일을 기록한 사관은 다음과 같이 논평하였다.

"주태문이 선온을 가지고 부묘청에 가서 만취하여 복명조차 하지 못하였다. 임금의 명을 소중하게 여기지 않은 것이다. 전하가 어린 나이에 대통大統을 이은 뒤로 환관들만 접촉한 세월이 오래되어 불손한 폐단이 이미 이루어졌다. 그러므로 무식한 환관들이 천위天威의 두려움을 알지 못하고 임금을 친구처럼 보고, 임금의 아들을 이웃의 어린애처럼 보게 되었다. …… 주태문의 방자하고 기탄없는 행동이 어찌 그 유래가 없겠는가. 전하가 일찍이 환관의 무리와 더불어 술을 마시면서 서로 권하였고, 활을 쏘면 나란히 짝하였다. 이렇게 하고서 환관들이 위엄을 두려워하고 명을 받들게 한다는 것은 역시 어렵지 않겠는가. …… 마구 마셔 복명하지 못함은 작은 불경이라 하겠지만, 처음을 삼가지 않고 나중에 아무리 죄로 다스린들 무슨 소용이 있겠는가."

애초에 명종이 내시들에게 스스럼없이 술을 권하고 엄하게 단속하지 않아 주태문의 만취 사건 같은 일이 일어났다는 비판이었다.

국상 중에 술을 마시다니

조선 시대에는 왕이나 왕비가 승하하여 국상을 치를 때는 술을 마시지 못하게 했다. 이를 어기고 술을 마셨다가 실수하여 파직 등의 처벌을 받은 사람들이 많았다.

태종 8년1408에 대호군 조정趙定이 국상 중에 회음하였다가 사헌부의 탄핵을 받아 파직된 적이 있다. 2년 후인 태종 10년1410에는 호조 정랑 허반석許盤石과 유근柳謹, 좌랑 김희金熙와 이문간李文幹과

이명보李明保 등이 파직되었다. 국상이 난 지 3년이 지나지 않았는데도 창기를 불러 관청에서 술을 마셨기 때문이다.

세종 3년1421에도 이런 일이 있었다. 경기도 양성 현감 윤달성尹達誠이 원경왕후의 초상 중에 읍내에 사는 전 관찰사 이추李抽의 집에 가서 술을 마시고 대취하였다. 그는 이추의 여종과 함께 노래를 부르고 춤을 추었다. 그다음 김극양金克讓의 집에 가서도 같은 행동을 하였다. 또한 그는 술에 취하여 아전과 나란히 말을 타고 길을 달리다가 부녀자를 만나면 말채로 그녀가 쓰고 있던 모자를 때리기도 하였다. 부녀자가 놀라서 넘어지면 하인들을 공연히 나무라며 짐짓 알지 못한 척하고 달아나 버리곤 하였다. 그 밖에도 위인이 사리에 어두워서 백성을 다스리는 데에 적합하지 못하였다. 경기도 관찰사 성엄成揜이 윤달성의 일들을 밝히고 벌하기를 청하자 임금이 사헌부로 하여금 국문하게 하고 관직을 파면하였다.

세종 5년1423 6월 국상으로 금주령이 내려졌는데 판부사判府事 송거신宋居信, 도총제 이순몽, 총제摠制 조흡曹洽 등이 강에서 고기를 잡아 술을 마시고 놀다가 사람을 물에 빠져 죽게 하였다. 사헌부에서 법에 의하여 처벌해야 한다고 아뢰었지만, 임금이 모두 거론하지 말라고 명하였다. 얼마 뒤 대사헌 하연 등이 다시 처벌을 청하자 드디어 모두 파직시키라고 명하였다.

세종 28년1446에는 별시위 김비표金非彪 등 35명이 중전이 승하하여 국상이 난 첫날에 모여서 술을 마셨다. 주범과 종범을 구분하지 않고 모두 곤장 1백 대를 치고 충군하게 하였다. 그중에 고기를 먹은 김비표 등 16명은 종신토록 등용하지 말도록 하였다.

형수와 싸운 시동생

　세종 14년1432에 일어났던 일이다. 호군 조길통趙吉通이 어머니의 상중에 죽은 형 조여평趙汝平의 아내, 즉 형수인 소비小比와 같이 침실에서 술을 마셨다. 그는 형수에게 "무릎을 베고 눕겠다."는 말까지 하였다. 그러다가 술에 만취하여 노비 문제로 두 사람이 서로 다투게 되었고, 급기야 조길통은 소비의 모친이 재가한 것을 공공연하게 큰 소리로 떠들기까지 하였다.
　"너의 어머니가 재가하였다. 그러고도 사람이냐."
　"우리 어머니가 도의에 어그러진 행동을 한 것도 아닌데, 재가가 무엇이 나쁘냐. 더군다나 어머니가 재혼한 사람은 바로 1품 관원인 김남수金南秀이다."
　"남수는 용렬한 놈이다. 1품의 관직이 무엇이 그리 귀하단 말이냐. 나는 어찌 1품관뿐이겠느냐. 장차 임금이 될 것이다."
　조길통은 술김에 결코 해서는 안 될 극언까지 하고 말았다. '임금이 되겠다'는 말은 그야말로 대역에 해당할 엄청난 말이었다. 두 사람은 의금부에 하옥된 후 의정부, 사헌부, 의금부의 관원들이 함께 삼강오륜 등을 범한 죄인을 국문하는 삼성추국三省推鞫을 당하게 되었다. 국문을 당한 두 사람은 엄중한 벌을 받을 처지에 놓였다. 자칫하면 사형에 처해질 수도 있었다. 그럼에도 임금은 술로 인해 일어난 일이라면서 관대하게 처리하라고 일렀다.
　"조길통의 난언이 어찌 무슨 뜻이 있어서 한 말이겠느냐. 망령되게 불쑥 지껄인 말일 따름이라 석방시키고자 한다. 그러나 그는 어머니 상중에 있으면서 술을 마시고 매우 취하였으며, 형수에게 '무룹을 베고 눕겠다'는 말을 하였다고 한다. 여평의 아내가 이 말을 듣게 된 것은 또한 그녀가 스스로 취한 것이기도 하다."

조길통의 행위는 술에 취하여 한 말이라 크게 문제되지 않는다고 하면서 오히려 형수의 행실을 나무랐던 것이다. 임금은 조길통에게서 곤장 80대의 속전을 거두도록 명하였다. 조길통은 술김에 해서는 안 될 행동과 망언을 하였지만, 다행히 임금의 너그러운 은전을 입어 극형을 면할 수 있었다.

성병에 걸린 주색가들이 사람의 쓸개를 먹다

명종 때에는 주색을 좋아하는 사대부와 평민들이 성병의 일종이라 할 음창陰瘡에 걸리는 경우가 많았다. 당시 어떤 의관이 '사람의 쓸개를 가지고 치료하면 음창이 즉시 낫는다'는 말을 하였다. 그러자 한양에서는 많은 재물을 주고 사온 사람을 죽이고 쓸개를 취하는 자들이 나타났다. 이 일로 체포되어 처벌을 받은 자들도 있었다.

원래 빈민 구제 기관인 활인서活人署, 보제원普濟院, 홍제원弘濟院 및 종루鐘樓 등지에는 떨어진 옷에 바가지를 들고 거리에서 걸식하는 자들이 많이 있었다. 명종 21년1566에 실린 실록의 기사를 보면 4~5년 이래 거리에 한 명의 거지도 남지 않게 되었다고 한다. 쓸개를 취하는 자에게 모두 살해되었기 때문이다. 거지들은 살해하기가 매우 쉬웠던 탓이다. 거지들이 없어지자 평민에게도 손을 뻗쳐 평민 중에 아이를 잃은 자들이 매우 많았다고 한다.

취중에도 실수하지 않아 영전한 부사

어효첨은 조선 전기의 문신이자 학자로, 좌의정을 지낸 박은朴訔의 사위이다. 세종 때 문과에 급제하여 예문관 검열檢閱로 관직 생활을 시작하였다. 집현전 교리, 사헌부 집의, 예조 참의 등을 지냈다. 세조 즉위 후 원종공신이 되면서 중용되기 시작하여 이조 참판, 형조 참판, 대사헌이 되었다.

어효첨은 술에 취하기만 하면 양어깨가 높이 솟아올라서 사람들이 어부漁父라고 놀렸다고 한다. 이인로李仁老의 시에 나오는 '배에 기댄 어부의 한쪽 어깨가 높다'라는 구절을 빗댄 말이었다. 임금도 그를 두고 장난을 쳤던 것 같다. 어느 날 세조가 물었다.

"경의 얼굴에 부종이 있다. 병이 있는 것 아니냐?"

"땅에 엎드려서 얼굴이 붉어졌을 뿐이고, 본래 병이 없습니다."

임금이 그에게 땅에 엎드리지 말게 하고서 다음처럼 희롱하였다.

"어깨가 높으니 얼굴은 마땅히 낮아야 한다."

세조는 술 마신 사람들을 놀리기를 좋아하였나 보다. 효령대군孝寧大君의 손자인 이철李徹은 처음에 은산령銀山令이라는 작위를 받았다가 뒤에 다시 물거윤勿巨尹이란 작위를 받았다. 그는 술에 취하면 눈동자가 맑지 않았다고 한다. 방언에 눈이 맑지 않은 것을 '물거'라고 하였기에 세조가 희롱하여 '물거윤'이라는 작위로 부르게 되었다고 한다.

어효첨은 그 후 세조 9년1463에 이조 판서로 승진하였는데, 그 과정이 재미있다. 그해 3월 어느 날 임금이 정사를 보고 술자리를 마련하여 세자에게 술을 올리게 하고 신하들에게도 술을 먹였다. 이어서 도화원圖畵院 제거提擧 최경崔涇의 죄상을 논하였다.

"소인의 사정이 이와 같아 내가 크게 징계하려다가 단지 그 직만 파하였다."

최경은 도화원 소속의 화가로 특히 인물화에 뛰어났다. 임금의 얼굴인 어용御容을 잘 그려 통정대부通政大夫까지 오른 입지전적인 인물이었다. 하지만 사간원에서 그가 미천한 화원 출신이라 하여 서경署經을 제때에 하지 않자 사간원 관리들과 다투었다가 파직되었던 것이다. 서경이란 임금이 새 관원을 임명한 뒤 성명, 문벌, 이력 따위를 써서 사헌부와 사간원의 대간에게 가부를 묻던 일을 말한다.

임금의 말을 들은 신하들 중 말하는 사람이 없었다. 중추원中樞院 부사副使였던 어효첨이 홀로 아뢰었다.

"화공은 천인이어서 직품의 한도가 5품입니다. 최경은 천한 공장工匠으로서 감히 사간원에 항거하였습니다. 오로지 직품의 높음을 믿은 것입니다."

"경의 말이 매우 마땅하다. 천한 공장이 연줄을 타고 출세한 자가 많으므로 내 마땅히 제지할 것이다. 경은 다시 말하지 말라."

이때에 어효첨이 몹시 취하였는데도 실수하는 말을 하지 않자 임금이 말하였다.

"어효첨은 참으로 도를 즐기는 군자이다. 내가 본래 그 사람됨을 알고 있어 판서로 쓸 만하다."

그러고서 갑자기 어효첨을 판서로 삼지 않는가. 어효첨이 즉시 사양하였지만 임금이 물었다.

"어느 조曹를 맡고 싶으냐?"

"신을 판서로 삼으신다면 명령에 복종함이 마땅합니다. 신하가 어찌 스스로 차지하겠습니까?"

어효첨은 머리를 흔들고 눈을 감아 말을 하지 않았다. 임금이 크게 웃으며 말하였다.

"박원형朴元亨을 대신하여 이조 판서로 삼는 것이 좋겠다."

세조의 말은 농담이 아니라 진담이었다. 나흘 뒤에 어효첨을 정식으로 이조 판서에 임명하였던 것이다. 이조 판서였던 박원형은 좌천되어 예조 판서로 밀려났다. 어효첨은 술을 먹고도 실수하지 않아 영전할 수 있었다. 직장 생활을 잘하려면 회식 자리에서 아무리 취하더라도 상사에게 절대 실수하지 말아야 할 일이다.

술과 극형의 위기

술김에 임금을 비방한 관리

태조 5년1396 3월 전 안동 부사 이전李專이 판한성부사判漢城府事 정희계鄭熙啓와 함께 태조의 셋째 아들인 익안군益安君 이방의李芳毅의 집에 가서 술을 마시고 취했다. 이전은 정희계와 함께 서로 농담을 주고받다가 급기야 임금인 태조를 비방하고 비웃기까지 하였다. 후일 정희계가 임금에게 아뢰었고, 임금은 사헌부가 이전을 국문하게 하였다. 이전은 술이 취해서 무슨 말을 했는지 전혀 모른다고 대답하였다. 사헌부에서는 임금을 비방한 죄로 참형에 처해야 한다고 건의하였다. 그러자 이방원이 이전의 구명을 하고 나섰다.

"신이 듣자오니 전하께서 잠저潛邸에 계실 때에 이전의 아비 이달충李達衷이 자손을 부탁했다고 합니다. 이전이 비록 죄가 있더라도 목을 베는 것은 옳지 못하다고 생각합니다."

잠저는 임금이 되기 전의 시기 또는 그때 살던 집을 이른다. 임금이 그제야 다시 형조에 명하였다.

"이전은 본래 광망狂妄하여 말할 필요도 없지만 그 아비 이달충은 일찍이 신의로 나와 벗하던 사람이다. 이전이 만일 참형을 당하면 이달충의 영혼이 나를 무엇이라 하겠는가? 그의 죄를 용서하라."

이전은 도형에 처해져 전라도 해남으로 추방되고 집을 몰수당하였다. 그 후 도형으로 중노동을 하던 도중 해남에서 죽었다. 이전은 술김에 했던 농담 한마디에 그야말로 패가망신하고 말았던 것이다.

이전의 아버지 이달충은 고려 말기의 문신으로 이제현李齊賢의 종질답게 시문에 뛰어났다. 문과에 급제하여 공민왕 때 전리판서典理判書, 감찰대부監察大夫, 호부상서戶部尙書, 밀직제학密直提學 등을 역임하였다. 성품이 강직하여 당시 전횡을 일삼던 신돈辛旽에게 주색만 좋아한다고 직언했다가 파면된 적이 있다. 신돈이 죽은 후에는 그를 늙은 여우에 비유한 시를 짓기도 하였다. 우왕 때 계림부윤鷄林府尹이 되었다가 계림군鷄林君에 봉해졌다.

이달충은 사람을 알아보는 안목이 있었다고 한다. 이달충이 동북면東北面 도순문사都巡問使로 있다가 돌아갈 때 태조 이성계의 아버지 이자춘李子春이 교외까지 나가서 그를 전송했다. 이성계가 이자춘의 뒤에 서 있었다. 이자춘이 술을 따르자 이달충이 선 채로 마셨으나, 이성계가 술을 따르자 꿇어앉아 마셨다. 이자춘이 이상하게 여겨 까닭을 물었다.

"아드님은 참으로 빼어난 분으로 공께서 따라가지 못할 것입니다. 공의 가업을 반드시 아드님이 창성하게 할 것입니다."

그러면서 이달충은 자손의 장래를 부탁하였다고 한다. 아마도 그런 인연으로 이전이 참형을 면할 수 있었던 것 같다.

정승을 저주한 사헌부 감찰

태조 7년1398 7월 사헌부 감찰 김부金扶가 동료 감찰인 황보전皇甫琠 등과 함께 신임 감찰 김중성金仲誠의 집에서 술을 마시고 정승 조준의 집 앞을 지나가게 되었다. 김부가 술에 취해서 조준을 비난하는 듯한 말을 했다.

"비록 큰 집을 지었지만 어찌 오래 거처할 수 있겠는가? 후일에 반드시 다른 사람의 소유물이 될 것이다."

아무리 술김이라도 도저히 해서는 안 될 악담을 해 버린 것이다. 황보전이 주부 이양수李養修에게 이야기했고, 이양수는 조준의 제자인 김분金汾에게 전했다. 김분이 조준에게 고자질하였고, 조준은 급기야 임금에게 아뢰었다. 임금은 크게 노하였다.

"조준은 개국 공신으로서 나라와 더불어 기쁨과 걱정을 같이할 사람이다. 김부가 조준을 오래가지 못한다고 했는데, 조선의 사직이 오래가지 못한다고 한 것과 마찬가지이다."

임금은 김부를 속히 극형에 처하라고 명하였다. 술김에 개국 공신을 비판한 김부는 난언을 한 죄로 참수되고 황보전은 장형, 이양수는 태형에 처해졌다. 황보전과 이양수는 바른대로 조정에 알리지 않은 죄로 처벌을 받았고, 김부와 함께 술을 마신 다른 감찰 18명도 함께 파면당했다. 반면 김분은 난언을 알렸다는 이유로 관직을 상으로 받았다.

반역으로 몰린 군인들

세종 3년1421 초에 대호군 송기宋頎와 별시위 유여해兪汝諧 등 25명이 의정부의 행랑에서 술을 마셨다가 적발된 사건이 있었다. 형조에서 관련자들을 잡아서 심문하고 결과를 임금에게 보고하였다.

"의정부는 모든 관청의 으뜸으로 하급 관리들이 놀고 장난치는 곳이 아닌데, 유여해 등이 감히 모여서 술을 마셨습니다. 마땅히 《대명률大明律》의 '해서는 안 될 것을 한 자는 태형 40대를 과한다'는 조항에 따라 다스려야 합니다. 나라의 법령을 범하면서 모여 술을 마신 것은 마땅히 법령을 위반한 율로 다스려야 합니다."

병조 참판 이명덕은 그들을 취각령吹角令을 위반한 죄로 다스려야 한다고 건의하였다.

"병조의 분명한 문서가 없이 사사로이 군사를 모아들이는 것은 역모로 다스린다는 지시가 있었습니다. 마땅히 이 조항으로 다스려야 합니다."

취각령이란 반란이나 정변 같은 비상사태가 일어나면 임금의 호위와 효과적 진압을 위해 한양의 모든 군사와 관원들이 무장하고 대궐 앞으로 모이게 하던 제도였다. 취각령이 내려지지 않았는데도 사사로이 군사들을 소집하면 역모에 해당되었다. 이명덕의 건의는 20여 명의 군사들이 모여서 술을 마신 것은 임의로 군사들을 소집한 행동이어서 취각령을 범했다는 것이다. 극형에 처해야 한다는 어마어마한 말이었다. 임금은 그의 건의를 받아들이지 않았다.

세종에게 거절당한 이명덕은 다시 상왕 태종에게 가서 아뢰었다. 상왕은 의금부에 회부하여 그들을 국문하게 하였다. 형조 참판 안수산安壽山 등 7명의 형조 관원들도 술 마신 죄를 가볍게 다루었다 하여 모두 의금부에 넘겨 국문하게 하였다. 의금부에서 그들을 국문하고 결과를 아뢰었다. 유여해 등은 법률상 반역 도모에 해당하여 참형에 처해야 한다는 내용이었다. 술 한번 잘못 마셨다가 사형을 당할 위기에 처하고 만 것이다.

보고를 받은 상왕은 약간 관대한 처분을 내렸다. 함께 술을 마신 유여해 등은 곤장 1백 대를 속바치게 하고 변방에 있는 군대에 편입시키도록 하였다. 다만 송기는 공신 송거신宋居信의 아들이라 관직만 파면하게 하였다. 안수산 이하의 형조 관리들은 모두 파직하였다.

취각령은 건국 초기의 불안정한 상황에 대처하기 위하여 마련된 제도였다. 신하들을 강력하게 장악하려 했던 태종에 의해 취각령은 도리어 애매한 군사들을 역모자로 모는 구실을 하게 되었다.

왕이 부탁한 점을 거절한 점쟁이

조선 초기에 지화池和라는 유명한 장님 점쟁이가 있었다. 그는 특히 사람의 운수나 길흉을 판단하는 신수점身數占에 능하여 일반인들에게는 물론 왕실에도 널리 알려져 있었다. 태종 때부터 궁중에 출입하며 점을 친 그를 관리들이 감히 똑바로 쳐다보지도 못할 정도로 위세가 대단했다고 한다. 태종은 공주의 혼사를 위하여 지화에게 부마 후보자의 팔자를 보고 점을 치도록 한 적도 있었다. 세종 때에는 점술에 전심한 공이 매우 크다고 하여 검교첨지내시부사檢校僉知內侍府事라는 벼슬을 주어 사옹원司饔院의 일을 보게 한 적도 있었다.

임금의 총애를 받고 관직까지 얻게 되자 교만함이 하늘을 찔렀던 모양이다. 마침내 지화는 임금이 부탁하는 점을 술에 취했다는 이유로 거절하는 허세를 부리기까지 하였다.

세종 26년1444 어느 날 임금이 어떤 일을 점쳐 보려고 내시를 지화에게 보냈다. 그날 마침 그가 집에 없었다. 내시가 사람을 시켜 찾은 끝에 호군 김윤金閏의 집에서 만나게 되었다. 지화가 술이 대취하여 횡설수설하고, 내시에게 하는 말투가 매우 건방졌다.

"오늘은 술이 취하여 점을 칠 수가 없다."

내시가 그대로 아뢰니 임금이 크게 노하여 의금부에 잡아다가 심문을 하게 하였다. 심문을 하던 의금부에서 아뢰었다.

"지금 성상께서 슬퍼하시는 때에 지화가 김윤과 함께 술을 마시고 고기를 먹었습니다. 크게 불경하며 실정을 바르게 말하지 않았습니다. 고문을 하겠습니다."

"지화가 음흉하고 간교하기 짝이 없는데, 다만 사람의 운수를 좀 안다는 이유로 태종 때부터 은혜를 입어 벼슬을 받았다. 지금까지도 벼슬을 하고 있어 그 은총이 지극하다. 지금 제가 이와 같이 불경하여 비록 무거운 법으로 처치하여도 조금도 가련할 것이 없다. 그러나 김윤은 여러 사람이 모여서 마신 것이 아니라 마침 지화가 와서 술을 마셨다. 불문에 붙이는 것이 마땅하다."

지화는 전라도 진도로 귀양을 갔다가 다시 함경도 회령으로 귀양을 가는 신세가 되었다. 이와 같이 방자했던 지화는 '안평대군安平大君 이용李瑢이 임금이 될 운명'이라는 말도 한 적이 있었다. 수양대군이 계유정난을 일으켜 권력을 장악한 직후 지화는 역적으로 몰려 참수되고 말았다. 자고로 교만이 지나치면 화를 당하는 법이다.

임금에게 무례를 범한 백성

술에 취한 사람이 대통령을 욕했다면 어떻게 될까? 아마도 크게 벌받는 일은 없을 것이다. 조선 시대에는 사정이 달랐다. 지엄한 임금을 모욕한 불경죄에 걸려 심한 고문을 받고 죽을 수도 있었다. 실제로 그런 일이 일어나기도 했다.

영조 13년1737에 서울에 살던 백성 안세복安世福이 술에 만취하여 이웃 사람과 싸우면서 임금을 향해 불경한 말을 하였다. 좌의정 김재로金在魯 등이 국청을 설치하여 국문해야 한다고 청하여 윤허를 받았다. 안세복은 국문을 받다가 죽고 말았다. 이 사건을 사관은 다음처럼 평했다.

"안세복은 무식하고 술에 취한 자이고, 국청 설치는 국가의 중대한 일이다. 대신 등이 모두 국청 설치를 요청하여 당당한 의금부의 국문이 사리에 어둡고 어리석어 술에 취한 백성에게까지 미쳤다. 나라의 체모를 손상시키고 듣는 이를 놀라게 하는 일이다."

사관은 술 취한 백성을 국문까지 한 것은 너무 심한 처사였다고 비판하였다. 하여튼 조선 시대는 아무리 술에 취하였더라도 입을 멋대로 놀려서는 안 되는 왕조 시대였다.

 이와는 반대로 술에 취해 함부로 대궐로 침입했으나 임금의 배려로 아무런 처벌을 받지 않은 일도 있었다. 숙종 32년1706 노비 예룡禮龍이 술에 취하여 대궐 안으로 넘어 들어갔다. 신하들은 그를 사형시켜야 한다고 주장했다. 임금은 취하여 정신이 없어서 한 짓이라고 하면서 특별히 용서해 주었다. 하마터면 사형에 처해질 뻔했던 취객이 용케도 살아날 수 있었다.

죽음을 부른 과음

공신들은 과음을 삼가라

조선 초기의 공신들 중에는 임금이 크게 우려할 정도로 술을 많이 마시는 사람들이 있었다. 세조 8년1462 어느 봄날에 임금이 경복궁의 사정전에서 상참을 받고 정사를 본 다음 좌의정 신숙주, 우찬성 구치관 등을 입시하도록 하여 작은 술자리를 베풀었다. 임금이 신숙주에게 공신들 가운데 과음하는 사람들이 많다며 다음과 같은 말을 했다.

"공신들 중에 과음하여 죽은 자가 매우 많다. 이계전, 윤암尹巖 같은 이가 그러하였다. 화천군 권공權恭, 계양군 이증, 영중추원사 홍달손 등은 비록 죽지는 않았더라도 이미 파리해졌다. 이것은 크게 옳지 못한 것이다. 내가 일절 술을 마시지 못하게 하려는데, 어떠한가?"

과음으로 사망하거나 쇠약해졌다고 한 사람들은 모두 세조가 아끼던 공신이었다. 공신들의 음주를 금하도록 해야 한다는 말에 신숙주가 아뢰었다.

"음주를 일절 금지하기는 어렵습니다. 과음하지 말게 함이 편하겠습니다."

모든 공신들에게 갑자기 음주를 금지하기는 마땅치 않으므로 지나친 음주를 하지 말도록 해야 한다는 건의였다. 신숙주의 의견을 받아들인 임금은 충훈부에 명하여 과음하는 공신들을 모두 조사하게 함으로써 음주를 자제하도록 하였다.

이계전은 세종 9년1427에 친시 문과에 급제해 집현전 학사學士가 되었다. 그 후 동부승지, 좌부승지를 거쳐 도승지로 승진하였다. 문종 2년1452 《세종실록》 편찬에 관여했으며, 계유정난에 참여해 정난공신 1등에 봉해졌다. 호조 판서, 병조 판서, 이조 판서를 역임하였다. 세조 1년1455 이조 판서를 제수받았고, 다음 해 판중추부사判中樞府事에 임명되었다. 세조 5년1459 초에 경기 관찰사로 나갔다가 그해 9월에 죽었다.

윤암은 태종의 서녀인 숙경淑慶 옹주翁主의 남편으로, 성품이 인후하고 교만과 사치를 좋아하지 않았다고 한다. 세조 즉위에 공을 세워 좌익공신 2등에 올랐고, 세조의 우대를 받아 경상우도 도절제사와 의금부 제조 등을 지냈다.

권공은 조선 전기의 무신으로 숙경 옹주의 동생인 숙근淑謹 옹주와 혼인하였다. 단종 1년1453에 경상좌도 병마도절제사를 역임했고, 세조 1년1455 좌익공신 3등이 되면서 화천군에 책봉되었다. 그는 사은사가 되어 명나라를 왕래하기도 했다. 성품이 근검, 활달하고 무예에 능하여 세조의 신임을 받았다.

술 권하는 사회

조선 시대에는 지방 수령의 임기가 끝나거나 교체되어 떠나면 인근 고을의 수령들이 작별을 아쉬워하면서 전별연을 베풀어 주는 것이 하나의 관례였다. 태종 17년1417에 윤돈尹惇이 경기도 과천 현감에서 통례문通禮門의 봉례랑奉禮郞으로 전임되어 서울로 올라갈 때도 전별연이 열렸다. 인근의 수원 부사 박강생朴剛生과 금천 현감 김문金汶 등이 윤돈을 위하여 안양에 있던 안양사安養寺에서 전별연을 베풀었다. 이때 김문이 소주를 너무 많이 마시는 바람에 갑자기 죽는 큰 사고가 나고 말았다. 사헌부에서는 술을 강권하여 김문을 죽게 했다며, 그와 함께 술을 마신 사람들을 엄하게 처벌해야 한다고 주장했다.

"술을 권하는 것은 본래 사람을 죽이려는 바가 아니다. 이웃 수령을 전별하는 것도 일상적인 일이다."

다행히 임금은 관대하게 처벌하라고 지시했다. 윤돈과 박강생에 대한 처벌은 파직만 하는 선에서 마무리되었다.

수원 부사 박강생은 김문 사건 직후에도 술로 인해 탄핵을 받왔다. 수령의 불법을 규찰하기 위해 지방에 파견되는 사헌부의 행대行臺에게 잘 보이기 위해 박강생이 술을 접대한 것이다. 사헌부 감찰 정여鄭旅와 원욱元郁이 행대로서 수원에 도착하자 아직 파직되지 않고 자리를 지키고 있던 부사 박강생이 연정蓮亭이란 정자에서 두 사람을 위하여 염소를 잡고 술자리를 마련하였다. 기생도 불러 가무를 하면서 활쏘기를 하기도 했다.

사헌부에서는 정여와 원욱이 수령의 불법을 규찰하는 임무를 띠고 파견되었는데, 농사철의 금주령을 어기고 수령과 함께 음주와 가무를 하는 불법을 행하였다며, 행대의 임무를 잃었다고 탄핵하였다. 박강생은 지난번에도 이웃 고을 수령과 안양사에 모여 소주를 강권하다가 김문을 죽게 하고서 아직 반성하지도 않은 채 행대와 더불어 술 마시며 활쏘기를 하였다며, 행위가 부당하기 그지없다고 비판하였다. 임금은 정여와 원욱은 파직하고, 박강생은 이미 벌을 받았으니 더 이상 논하지 말라고 명하였다.

수원 부사 박강생은 술로 인해 여러 번 곤욕을 치러야 했지만, 그 후 함경도 안변 도호부사都護府使에 올랐다. 그의 딸이 세종의 후궁이 되면서 사후에 종1품인 의정부 찬성贊成에 추증되는 영화를 누렸다.

당시에는 지방으로 파견된 관리 중에 강권하는 술을 받아 마시고 급사하는 일이 자주 발생했다. 태종 4년1404에는 경차관敬差官으로서 경상도에 내려간 김단金端이 도중에 충청도 옥천에 도착하여 갑자기 사망하는 사건이 일어난 적이 있었다. 김단이 청주를 지날 때 청주의 수령이 소주를 권하는 바람에 과음하였기 때문이다.

억지로 권하는 술을 마시고 급사한 사람으로 이수남李壽男도 있다. 이수남은 나이 17세에 진사시에 합격하고 20세에 문과에 급제하여 이른 나이에 요직에 임명된 사람이다. 예문관 검열을 시작으로 사헌부 감찰, 이조 좌랑, 병조 정랑, 승정원 우승지 등을 두루 거쳤다. 성종이 즉위한 뒤에는 병조 참의에 임명된 후 좌리공신佐理功臣이 되어 전산군全山君에 봉해졌다.

성종 2년1471 황해도 관찰사에 임명된 된 직후 어느 날 원상院相 홍윤성의 집에 가서 지나치게 술을 마시고 집에 돌아와 이튿날 바로 사망하였다. 그의 나이 겨우 33세였다. 전도양양한 젊은 관료가 술 때문에 갑자기 죽었다. 사헌부에서는 그에게 소주를 강권하여 죽게 한 홍윤성을 국문하기를 청하였다.

"이수남이 사은사로 명나라에 갔다가 돌아왔기에 홍윤성이 술을 권한 것이다. 무엇이 불가함이 있겠느냐?"

임금은 윤허하지 않았다. 임금 입장에서는 원로대신인 홍윤성을 차마 처벌할 수 없었다. 같이 마시다가 죽은 사람만 억울하게 되었다는 생각이 든다.

과음으로 급사한 사람들

술을 너무 많이 마신 탓에 심장마비를 일으켜 급사하는 경우가 조선 시대에도 많았다. 세종 20년1438 10월에 첨지중추원사 김을현金乙玄이 사역원司譯院의 제조가 되었다. 이조 판서 홍여방洪汝方과 예조 판서 민의생도 같은 제조가 되었다. 김을현이 홍여방과 민의생을 자기 집에 초대하여 잔치를 베풀었다. 홍여방이 너무 취하여 거꾸로 실려서 집에 돌아갔는데, 밤중에 발광을 하다가 이튿날 죽고 말았다. 사헌부에서는 곧 홍여방의 죽음을 문제 삼아 함께 참석했던 사람들을 처벌해야 한다고 아뢰었다.

"근자에 한두 대신이 연회를 베풀어 술을 마시다 중독되어 죽은 자가 있다고 합니다. 심문을 하여 다른 사람들을 경계하게 하십시오."

"풍문으로 들은 말로 어찌 심문하겠는가. 비록 심문한다고 해도 그 벌이 얼마나 되겠는가. 태형에 불과할 것이다. 이번 홍여방의 죽음은 술이 취해서가 아니다. 집에 돌아간 이튿날 풍風이 일어나 죽었다. 어찌 술로 인하여 죽었다고 하겠는가. 조사해 입건하지 말라."

임금은 대신들을 보호하고 문제를 확대하지 않기 위해 홍여방과 함께 술을 마신 자들에 대한 심문을 반대했다.

조선 후기에도 이와 비슷한 일이 있었다. 병조 판서로 있던 박서朴遾가 효종 4년1653에 사망했다. 그는 연일 과음하다가 갑자기 죽었다. 그의 부음을 들은 임금은 관청에 지시하여 특별히 관곽 등의 장례 용품을 하사하라고 명하였다.

"박서는 나라를 위하여 직무를 극진히 수행한 결과 성취된 일이 있어 내가 일찍이 가상하게 여겼다. 불행하게도 늙지도 않은 나이에 죽어 내가 매우 애통하게 여긴다."

박서는 인조 8년1630 별시別試 문과에 급제하여 사간원 정언, 사헌부 집의, 홍문관 교리, 황해도 관찰사 등을 역임하였다. 인조 25년1647 병조 판서로 승진되었으며, 사은사로 청나라에 다녀오기도 했다. 효종 1년1650 도승지에 이어 공조 판서가 되었고, 이듬해 다시 병조 판서가 되었다가 사망하였다. 그는 병조에 오래 근무하면서 몸가짐이 매우 검소하였고, 군국軍國의 계책도 임금의 뜻에 합치되도록 힘써 임금이 총애하고 신임했다고 한다.

숙종 12년1686에는 한성부 좌윤 김석익金錫翼이 과음으로 갑자기 사망하였다. 그는 현종의 장인인 청풍부원군淸風府院君 김우명金佑明의 아들이자 현종의 왕비인 명성왕후明聖王后의 동생이었다. 젊은 시절 빙고별검氷庫別檢에 임명된 이후 여러 관직을 거쳤다. 숙종 6년1680에는 인평대군麟坪大君의 아들 복창군福昌君 이정李楨과 영의정 허적許積의 서자 허견許堅 등이 얽힌 역모 사건의 해결에 공을 세우기도 했다. 그 후 한성부 우윤右尹, 개성 유수를 거쳐 총융사總戎使가 되었다.

울분 때문에 과음하다가 죽은 선비

사람들이 술을 마시는 이유는 여러 가지가 있지만, 울분을 참지 못하여 마시는 경우도 많다. 자칫하면 과음으로 이어져 목숨이 위태로워지기도 한다. 조선 시대에도 그런 일이 많았다. 숙종 때의 일을 하나 소개해 보겠다.

숙종 때 한양에 살던 선비 이익대李益大의 아내 아정阿貞이 질투 때문에 여종을 죽이려고 음란하고 추잡스러운 형벌을 가했다. 아정의 아버지 유섭柳渥이 이를 극력 제지하다가 듣지 않자 분하고 답답하여 술을 과음하고 죽었다. 사헌부에서는 아정과 이익대의 처벌을 주장하였다.

"아정이 여종을 부당한 형벌을 가하다가 아비를 죽게 만들었다. 아비를 시해한 것과 무엇이 다르겠는가?"

임금은 사형에 처하라고 명하였다. 그러고 나서 여러 신하들에게 의견을 물었다. 사형해야 한다는 의견과 사형은 지나치다는 의견으로 갈리었다. 영의정 허적이 아뢰었다.

"유섬의 죽음이 비록 지나친 형벌을 분개한 때문이기는 하지만, 아정이 반드시 아비를 시해하려는 마음은 없었습니다. 아비를 시해한 죄로 벌주는 것은 과중한 듯합니다. 사형을 감하여 먼 변방으로 보냄이 합당합니다."

신하들의 견해를 듣고 난 임금은 아버지를 죽인 불효죄를 적용하여 아정을 부대시참不待時斬에 처하고, 이익대는 집안을 잘 다스리지 못한 죄로 곤장을 치도록 명하였다. 부대시참이란 법으로 정한 시기를 기다리지 않고 참형을 집행하는 형벌이다. 당시에는 춘분 이후 봄과 여름에는 사형을 집행하지 않고 가을철 추분까지 기다리는 원칙이 있었다. 다만 모반, 대역, 불효 등의 십악대죄十惡大罪 같은 중죄를 범한 죄인은 시기에 구애받지 않고 즉시 사형을 집행하였다. 아정은 참형에 처해지기 전에 심문 도중 곤장을 맞다가 옥중에서 죽고 말았다. 과음으로 아버지를 죽게 만든 딸 역시 죽임을 당했던 것이다.

술병이 나서 세상을 등진 사람들

술을 과음하다 보면 필연적으로 몸과 마음이 병들게 마련이고, 이로 인해 목숨을 잃게 되기도 한다. 조선 시대에도 마찬가지여서 과음으로 병이 나서 죽거나 직위에서 물러난 사람들이 많았다.

먼저 술병이 들어 36세에 요절한 평양군平陽君 박석명朴錫命을 들수 있다. 그는 고려의 재상 박가흥朴可興의 아들이며, 몸가짐이 준수하고 매우 총명했다. 특이하게도 턱의 길이가 남들보다 길어서 스스로 호를 '이헌頤軒'이라고 붙였다고 한다. 고려 말인 16세에 급제하여 22세에 승지로 임명되었고, 조선이 건국된 후 안주 목사를 거쳐 도승지가 되었다. 정종이 태종에게 선위하자 교서를 가져가서 태종을 옹립하는 일을 하였다. 태종 1년1401 좌명공신左命功臣 3등이 되고 평양군에 봉해졌다. 도승지로 6년 동안 재직하였고, 그 후 지의정부사知議政府事와 전라도 도체찰사都體察使 등을 역임하였다.

박석명은 지혜롭고 기억력이 좋아 임금이 끝까지 의지하고 믿었으며, 평소 사람을 알아보는 안목이 깊어 태종에게 황희黃喜를 승지로 천거했다고 알려져 있다. 일을 결단하는 것은 물이 흐르는 듯하였다. 남에게 굽히지 않고 혼자 마음대로 결정하고 행하여 사람들이 매우 꺼리기도 했다. 천성이 술을 좋아하여 종일 거나하게 마셨다고 한다. 결국 술병에 걸려 요절하였다.

도총제를 지낸 하구河久는 태종 때 영의정을 지낸 하윤의 아들인데, 술을 무척 좋아했나 보다. 아버지의 상중에도 술 마시기가 평소와 다름이 없었다고 하니 말이다. 그도 술병이 들어 아버지의 3년 상을 미처 마치지도 못하고 태종 17년1417에 37세로 죽었다.

홍문관 부제학으로 있던 최경지崔敬止도 성종 10년1479 9월에 술병으로 갑자기 사망하였고 한다. 그가 죽었다는 소식을 들은 임금이 물었다.

"무슨 병으로 죽었는가? 가까이 있던 신하가 병에 걸리면 아뢰는 것이 본보기인데, 어찌하여 아뢰지 않았는가?"

도승지 홍귀달洪貴達이 아뢰었다.

"최경지가 본래 병이 있었습니다. 아프기도 하고 낫기도 하여 병이 일정하지 않아 아뢰지 않았습니다."

이어서 우부승지 채수蔡壽가 대답하였다.

"최경지가 본래 술병이 있었습니다. 어제 신에게 편지를 보내어 약을 구하기에 그제야 그 병을 알았습니다. 갑자기 이렇게 될 줄이야 어찌 알았겠습니까?"

숙종 9년1683년에는 문과에 급제하고 대사간, 좌부승지, 부제학, 예조 판서 등을 지낸 남이성南二星이 나이 들어서도 술을 너무 좋아하다가 술병으로 사망하였다. 그는 사람됨이 소탈하고 겉치레가 없었으며, 문사文詞가 우수하였고, 관리로서도 치적이 자못 많았다고 한다.

나는 조선의
주폭이다

건국 직후의 주폭

근래 술을 마시고 폭력이나 협박 같은 행패를 부려 남들에게 피해를 주는 주폭酒暴의 존재가 새삼 사회 문제로 떠오르고 있다. 조선 시대에도 주폭이라고 할 만한 사람들이 있었다.

이미 개국 직후부터 술로 행패를 부려 처벌을 받은 사람이 나타났다. 태조 5년1396에 갑사甲士 안백安白의 아들 안말건安末巾이 술에 취하여 거리에서 사람들의 재물을 약탈하였다. 상의중추원사商議中樞院事 황거정黃居正이 하인을 시켜 말리자 안말건이 갑자기 달려

들어 하인을 때리고 욕보였다. 태조가 격노하여 처음에는 안말건을 참형에 처하려고 했으나, 나중에 화가 풀려 곤장 1백 대를 때리고 수군으로 삼도록 했다.

1년 뒤에는 할머니의 상중에 금주령을 어기고 풍악을 울리며 술을 마신 채 남의 집에 들어가 행패를 부린 자들이 나타났다. 전 소감少監 최선崔宣, 전 정언 최굉崔宏 형제가 조모의 상중임에도 밤에 창부를 불러 풍악을 울리고 마음껏 술을 마셔 금주령을 어겼다. 그들은 술에 취하여 남의 집에 난입하였고, 그 집의 가구 등을 부수기까지 하였다. 간관이 그들의 행위가 거칠고 음란하기 짝이 없다면서 법에 따라 처벌할 것을 청하였다. 임금이 그대로 따랐으나 처리 결과는 알려지지 않고 있다.

주폭 삼 형제

성종 때 평양에 살고 있던 생원 김하金碬, 김거金磲, 김석金碩 삼 형제가 함께 이모의 집에 갔다. 셋은 이종사촌 한생韓生과 술을 마시면서 이웃집의 여종 수금水今을 불러다가 술을 따르게 하고 노래를 시키며 희롱하였다. 여종의 남편인 눌동訥同이 밖에서 돌아오다가 아내가 남에게 희롱당하는 모습을 보고 분해서 김하 형제를 꾸짖었다. 김하 형제가 취중에 화가 나서 눌동을 결박하고 심하게 구타하였다. 눌동의 누이동생인 내은비內隱非가 소식을 듣고 두 살배기 아이를 업고서 달려가 말렸다. 김하 형제가 내은비도 몽둥이로 심하게 구타하는 바람에 어미와 아이가 함께 상처를 입었고, 아이가 곧 죽고 말았다. 내은비는 대사간 안관후安寬厚의 노비였다. 안관후의 집이 이웃에 있었는데, 김하 형제가 침실 뜰까지 뛰어 들어가 이름을 큰 소리로 부르며 외쳤다.

"관후야, 관후야? 너는 어떤 사람이길래 우리들을 무시하고 숨어서 나타나지 않느냐? 속히 나와 보아라. 우리들은 문하생인데, 너는 어찌하여 박대하는가?"

김하 형제는 눈앞에 보이는 사람들을 닥치는 대로 잡아갔고, 환관을 만나자 결박하고 때려 거의 사경에 이르게 하고는 밤이 깊어서야 돌아갔다. 이튿날 내은비의 아버지 산수山守가 김하 형제를 살인죄로 형조에 고소하였고, 형조에서 임금에게 아뢰어 국문을 하려고 하였다. 김하 형제는 재빨리 도망하여 숨어 버렸다. 사헌부에서는 김거를 주범으로 보아 교형絞刑에, 김하와 김석은 거든 자라 하여 곤장 1백 대에 해당한다고 결정하였다. 이미 김하 형제가 모두 도망쳐 처벌을 하지 못했다.

이전에도 김하 형제는 못된 짓을 한 적이 있었다. 어머니가 평양에서 죽었는데, 김하 형제가 빈소 곁에서 각각 기생을 데리고 마주앉아 평시와 다름없이 음식을 먹었다. 평양 판관 오한吳漢이 그 광경을 보고 형제의 아버지인 평양 서윤庶尹 김순성金順誠을 나무랐다.

"서윤의 세 아들이 모두 재주가 있어 훗날 반드시 세상에 등용될 것인데, 어찌 바르게 가르치지 않고 이 지경에 이르게 했는가?"

김순성이 화를 내면서 대답하였다.

"내 아들은 내가 가르칠 테니, 자네는 자네의 아들이나 가르치도록 하게. 재주가 있건 없건 각각 자기 아들을 가르칠 뿐일세."

오한이 실망하여 그를 비루하게 여기고 다시 말하지 않았다. 그 후 두 사람이 어떤 일로 인하여 다투게 되었다. 그러던 중 김순성이 자기 아들들에게 재능이 있다고 자랑했다. 오한이 즉시 성난 목소리로 말하였다.

"어떻게 불효한 사람으로서 입신양명立身揚名을 할 수 있단 말인가?"

김순성이 따지고 묻자 오한이 다시 성난 목소리로 말하였다.

"세 아들이 어미의 빈소를 모시고부터 발인하여 서울로 향하는 세 달 동안에 각각 기생을 끼고 음탕한 생활을 짐승처럼 하였다. 그 기생은 우의羽衣, 선청仙靑, 안아眼兒 등 세 사람이고, 각각 빈소를 차린 지 열 달 안에 자녀를 낳았다. 내가 천민의 출생 문서를 보니 너무도 뚜렷하였다. 말하는 입이 더러워질 지경이다."

김순성은 아무 말이 없었다. 조금도 괴이쩍은 표정 없이 미소만 지었는데, 자식을 교육하는 방법이 거의가 이러하였다고 한다.

임금이 나중에 김하 형제의 비행을 듣고 영구히 과거를 보지 못하게 하라고 명하였다. 7년 후인 성종 16년1485에 김하 형제가 억울함을 호소하는 상소를 올리자 사면하여 과거를 볼 수 있도록 허용해 주었다. 그러자 삼 형제 중 막내인 김석이 이듬해인 성종 17년1486에 문과에 응시하여 급제하는 일이 벌어졌다. 임금이 그를 의정부 사록司錄에 제수하였으나, 사간원에서 서경을 하지 않아 취임하지 못했다.

"사람을 죽이고 도망한 자는 사림士林에 낄 수 없고, 또 의정부는 다른 관청과는 다릅니다. 김석은 사록이 되기에 마땅하지 않아 서경하지 않았습니다."

임금은 대간의 주장에 따라 김석을 의금부에 가두고 국문하였다. 의금부에 갇힌 김석이 변명하는 상소를 올렸고, 임금은 햇수가 오래되어 증거가 애매하다는 이유로 석방토록 하였다.

김석은 사헌부 감찰을 거쳐 성종 22년1491에 승문원承文院 교검校檢에 제수되었으나, 역시 서경을 받지 못했다. 성종 25년1494에 비로소 서경을 통과하여 형조 좌랑에 임명되었지만, 더 이상 승진하지 못하고 관계를 떠나야 했다. 술김에 행패를 부려 사람을 죽이고 불효까지 저지른 주폭 삼 형제의 말로는 비극으로 끝을 맺었다.

종친 주폭

조선 시대에는 세력을 믿고 방자하고 무엄하게 행동하는 종친들이 많았다. 특히 숙종 때의 경우를 보자.

숙종 29년1703에 종친인 호평부수壺平副守 이운李櫄이 그 아우 이성李橿과 함께 경기도 판교의 주막에 가서 머무르면서 술과 돈을 요구하고 포악한 짓을 함부로 자행한 일이 있었다. 심지어 끓는 물을 백성의 살에다 붓기까지 하여 그곳에 살던 백성들이 달아나 흩어지기도 했다. 종친의 비위를 감찰하는 종부시宗簿寺에서 그들의 죄를 임금에게 아뢰자 잡아다가 죄를 다스리고 직첩을 빼앗으라고 명하였다. 그 후 구체적인 내용이 나오지 않아 별다른 처벌이 이루어지지는 않은 것 같다.

전성군全城君 이혼李混은 미친 듯이 술주정을 하며 거칠고 방종한 행동을 많이 하여 파직된 일도 여러 번 있었다. 임금의 은총만 믿고 의리에 어긋나는 짓을 많이 했고, 평민을 학대하여 온 도성의 사람들이 표범처럼 여겼다고 한다. 이혼은 당시의 권신들과 친밀하게 사귀고 재상의 집을 자주 왕래하였다. 더욱이 좋지 못한 사람들과 사귀어 주색의 장소에서 친밀하게 정분을 나누기도 했다. 숙종 30년1704 사헌부에서 관작을 삭탈하고 도성 밖으로 추방해야 한다고 건의했지만, 임금의 윤허를 받지 못했다. 팔이 안으로 굽는다고, 역시 임금은 종친을 두둔했던 것이다.

아전들의 행패

세종 25년1443 3월 의정부와 육조의 관원들이 성균관에 모여 유생들의 학과 시험을 치렀다. 시험이 끝나고 의정부의 아전인 최덕강崔德江 등이 성균관의 문묘文廟 앞 장막에서 차를 끓여 주는 여종인 차모茶母들로 하여금 노래를 부르게 하고 술을 마셨다. 유생들의 입장에서는 자기들 학교인 성균관 안에서, 그것도 공자를 모신 신성한 문묘 앞에서 미천한 아전들이 음주와 가무를 하여 도저히 참을 수 없었다. 유생들이 모래와 자갈을 아전들에게 던지며 항의를 했다. 장막 안에서 한 아전이 갑자기 튀어나와 유생의 머리털을 잡고 싸움을 벌였다. 급기야 의정부의 여러 아전들이 모두 나와서 유생들과 서로 치고받기에 이르렀다. 당연히 여러 명의 아전과 유생들이 부상을 당했다.

이튿날 아전들이 의정부에 고소하였고, 의정부에서는 사헌부에 이첩하여 처리하게 하였다. 사헌부는 유생들을 잡아 가두고 심문을 하였다. 며칠 뒤에는 아전 한 명이 거짓으로 죽은 체하였다. 사헌부가 더욱 놀라서 중죄인을 가두는 중옥重獄에 유생들을 가두었다. 사헌부에서는 의정부의 눈치를 보며 아전들의 편을 들었던 것이다. 그러다 안평대군 이용이 나서는 바람에 상황이 역전되었다. 안평대군이 유생 편을 들었던 것이다.

"문묘 앞에서는 임금도 의장儀仗을 거두고 들어간다. 이제 아전의 무리가 차모들로 하여금 노래를 부르게 하고 마시면서도 조심하고 꺼리는 바가 없었다. 유생이 그런 아전을 때린 것이 무엇이 불가하며, 하물며 아전이 한 사람도 죽은 자가 없다. 옛 사람이 이르기를 '허물을 보고 어진 것을 안다' 하였다. 사헌부가 그를 욕보임이 어찌 이리 심하냐. 내 장차 상감께 전해 아뢰겠노라."

의장이란 지위가 높은 사람이 행차할 때에 위엄을 보이기 위하여 격식을 갖추어 세우는 병장기나 물건을 말한다. 임금도 의장을 거둘 만큼 엄숙하고 귀한 곳이 문묘였다.

이어서 예조 참판 허후許詡가 임금에게 보고를 하였다. 보고를 들은 임금도 유생 편을 들어 의금부에서 아전들을 국문하라고 명하였다. 국문을 마친 결과 최덕강 등 2명의 아전은 곤장 80대에 처하고, 나머지 아전들도 죄에 따라 차등 있게 처벌하였다.

반면 싸움에 가담한 유생 네 사람에게는 태형 30대에 해당하는 속전을 바치게 하는 처벌로 그쳤다. 양반의 자제인 성균관 유생들이 미천한 아전들을 이긴 셈이다. 원인이 어디 있든 간에 두 무리가 함께 뒤엉켜서 싸웠으면 양편을 공평하게 처벌해야 할 것이다. 양반 위주의 신분제가 정착되어 가던 때에 무리한 희망 사항이었을까.

주당과 술주정

술주정으로 쫓겨난 관리들

술과 불가분의 관계에 있는 것이 술주정, 즉 주사이다. 술에 만취하면 술주정이 나오기 마련이다. 옛 사람들도 지금처럼 술주정을 경계하였다.

명종 때에 대사간 이정李楨이 조강朝講에서 중국의 고사를 인용하여 술주정을 경계한 말 중에 참으로 의미심장한 내용이 들어 있다.
"임금이 몸을 닦고 정치를 잘하는 길은 마음을 바로잡고 간언을 따르는 데에 있을 뿐입니다. 요순堯舜 삼대三代 때에는 군신이 서로 경계하기를 '단주丹朱처럼 오만하지 말 것이며, 은왕殷王 수受처럼 술주정하지 말라' 하였습니다. 성인聖人과 광자狂者의 나뉨은 잠깐 사이에 있기 때문입니다."

'단주'는 요堯 임금의 아들로, 어질지 못하고 다투기를 좋아하여 요 임금에게 벌을 받았다고 한다. '수'는 은殷나라의 마지막 왕인 주왕紂王을 말한다. 주왕은 여색을 탐하고 잔인무도한 폭군이었다.

이정은 성인과 술주정뱅이는 매우 가까운 사이라고 했다. 정말 둘 사이는 종이 한 장 차이일 뿐이다. 아무리 착한 사람이라도 취하면 한순간에 악인으로 돌변하고 만다. 수많은 경고에도 불구하고 술을 없애지 않는 한 술주정은 결코 사라지지 않는다.

술주정으로 인해 파직된 사람들도 많았다. 우선 명종 때를 보자. 명종 즉위년1545 봉상시奉常寺 주부主簿 신준미申遵美가 체직되었다. 그는 술주정으로 본성을 잃어 가정에서도 도리에 어긋나는 일이 많았다. 사헌부에서 그가 조정의 반열에 끼게 할 수 없으니 파직시켜야 한다고 주장하였다. 임금은 파직은 과중하다며 벼슬만 갈라고 명하였다. 동왕 12년1557 병조 정랑 이경운李景雲이 체직되었다. 그는 술주정으로 실성하여 기뻐하고 노여워하는 것이 일정하지 않아서 병조 정랑에 합당하지 않다는 사간원의 탄핵을 받고 교체되었다.

선조 19년1586 전라도 강진 현감 유돈柳潡이 술주정에다 함부로 행동하며, 관아의 일을 다스리지 않고, 탐오貪汚한 일을 자행한다는 이유로 사간원의 탄핵을 받고 파직되었다. 선조 26년1593에는 전라도 해남 현감 이안계李安繼가 본성을 잃고 술주정을 하면서 혹독한 형벌을 가하는 바람에 아전과 백성들이 흩어져서 고을이 폐기될 위기에 몰린 적이 있었다. 사헌부에서 그를 속히 파직시키라고 건의하여 윤허를 받았다.

 남원 부사 한겸韓謙은 당초 부사에 제수되었을 때 합당치 않다는 여론이 있었다. 부임한 후에는 모든 정무를 서리들에게 맡기고 술주정으로 세월을 보냈다. 그는 광해군 6년1614 사간원의 탄핵을 받고 파직되었다.

 전라도 일신 현감 박필중朴弼重은 탐욕이 많고 포학한 데다 술주정이 아주 심하였다고 한다. 큰 곤장을 만들어서 죄 없는 백성에게 함부로 곤장을 치기도 했다. 그 역시 영조 18년1742에 파직되었다.

술주정이 심한 양아들을 때려서 죽이다

 숙종 때에는 종친인 이하李河가 양자인 이유李樑를 술 문제로 박살撲殺, 즉 때려서 죽인 사건이 있었다. 사헌부에서는 만약 이유에게 죄줄 만한 이유가 있었다면 관청에 고소하여 법으로 처리했어야 한다고 올렸다. 이하가 사사로이 박살하여 매우 흉악한 일이라면서 윤리와 기강에 관계되어 숨겨 둘 수가 없다는 것이다. 사헌부는 이하를 체포하여 엄중하게 조사해서 처벌해야 한다고 아뢰었다.

 임금이 윤허함에 따라 의금부에서 이하를 잡아 심문을 하였다. 이하가 자신의 입장을 진술하며 변명하였다. 이유가 항상 과음하여 흉악한 일을 많이 해서 금주하도록 하기 위해 매질을 하고 발에 족쇄를 채워 방 안에 가두었다고 한다. 그렇게 매질을 한 지 3일 만에 갑자기 이유가 스스로 목을 매었다는 주장이었다. 이하는 이유의 시신을 본 이하의 처형 박필언朴弼彦, 박필준朴弼俊 형제를 끌어대어 증인으로 삼았다. 의금부에서는 박필언 형제를 잡아와 심문하였다. 그들은 누이동생의 어린 여종이 전한 말이라고 하면서 다음과 같이 진술하였다.

숙종 36년1710 9월 25일에 이하가 이유의 집에 이르러 잘못을 나무라며 손과 발을 결박한 채 곤장으로 잔혹하게 때렸다. 이후 족쇄를 채워 냉방에 가두어 놓고 한 모금의 물도 들여보내지 않도록 하였다. 이웃 사람이 관대하게 용서하기를 청하자 이하는 "내가 내 아들을 죽이는데, 어찌 다른 사람이 참견하는가?"라고 말하였다.

그때 이유가 간청하여 지키던 자가 잠시 결박을 풀어 주었다. 이유는 담을 뛰어넘어 이웃집인 밀창군密昌君 이직李樴의 집으로 도주하였다. 이하가 알아차리고 건장한 종을 보내어 결박해서 도로 담 안으로 던지게 했고, 뜰 앞의 과일 나무를 꺾어 무수히 때리고는 다른 방에 묶어 두었다. 밤중에 갑자기 이하가 이유가 있는 방 안에 들어갔다. 잠시 후에 나와서 이하가 종에게 "내가 오랫동안 결박해 두었던 것을 민망하게 여겨 잠시 풀어 주었더니, 그가 스스로 목을 매달아 죽었다."고 말하였다. 그러면서 울지도 않았다고 한다.

박필언 형제가 시신의 얼굴과 목덜미 사이를 살펴보았으나, 목을 맨 흔적을 발견하지 못하였다. 시신의 가슴 아래를 열어 보려고 하자 이하가 이불을 잡고 제지하면서 "한 사람이 죽었으면 그만이다. 그대가 장차 나머지 사람들을 죽이려 하는가?" 하였다.

이하의 조카인 영원군靈原君 이헌李櫶은 과부 누이에게 언문 편지를 보내어 말하였다. "우리 숙부의 생사는 박필언 진사의 말 한마디에 달려 있다. 반드시 좋은 말로 대답해 주기 바란다."고 하였다.

박필언 형제의 진술에도 이하는 여전히 자백하지 않았다. 의금부는 이직과 이헌을 체포하여 심문하게 되었다. 이직은 자기의 종이 와서 전한 말이라면서 다음과 같이 진술하였다.

 9월 26일 밤에 남쪽 담장 밖에서 이유가 관(冠)과 신을 벗은 채 속옷만 입고 담을 넘어와서 살려 달라고 애걸하였다. 이유가 미처 말을 마치기도 전에 이하의 종 한 사람이 노끈을 가지고 뒤따라 담을 넘어왔다. 다른 종은 바깥문에서 돌입하여 이유의 머리를 잡아 넘어뜨리고는 결박하여 도로 담장 안으로 던졌다.

 이와 같은 진술에 따라 의금부에서는 거듭 이하를 심문하고, 이유의 시신을 세 차례나 검시하였다. 의금부는 이하가 양아들 이유를 때려서 죽인 뒤에 새끼줄로 목을 매어 놓고 자살한 것처럼 위장했다는 결론을 내렸다. 이하는 곤장을 맞으면서도 한 해가 지나도록 끝내 자백하지 않았다. 임금은 사형에서 특별히 감형하여 귀양을 보내도록 했다. 그러고 나서 양부에게 죽임을 당한 이유를 파양하여 양부와의 양자 관계를 끊도록 하였다.

 위 사건은 양자의 술주정을 고친다며 지나친 매질을 했다가 죽음에 이르자 자살로 위장하려고 한 사건이었다. 양자가 얼마나 미웠으면 그토록 가혹한 매질을 했을까 싶기도 하지만, 버르장머리를 고치려던 방법이 분명 잘못되었다. 어쨌든 술주정이 목숨까지 위태롭게 할 정도로 심각한 것임을 알 수 있고, 아울러 술로 인한 해악이 얼마나 큰가를 다시 한 번 느끼게 된다.

귀화한 여진인의 술주정

조선 초기에는 귀화하거나 귀순한 여진 사람, 즉 야인들이 많았다. 조선 조정에서는 야인들을 위로하고 달래기 위해 융숭한 대우를 베풀었다. 그들에게 관직을 주고, 일 년 또는 계절 단위로 녹봉을 주었다. 매달 월료月料와 말먹이로 주는 풀을 주었을 뿐 아니라 노비도 주었다. 당연히 귀화한 여진인들 중에는 돈과 물품이 넉넉한 자들이 많았다. 그러자 야인들은 도리어 교만한 마음이 생겨 밤낮으로 모여 술을 마시고 술주정을 했다. 노비를 학대하여 흩어지게 만들기도 하고, 노비를 놓아 보내고 값을 받는 등 야인들에 의한 폐해가 적지 않았다.

야인들은 본래 술을 많이 마셨던 것 같다. 세종 31년1449에 평안·함경도 도체찰사 황보인이 임금에게 보고한 바가 있다.

"야인들은 본국의 언어에 능통한 자가 많지 않고, 한 사람도 술주정하지 않는 자가 없습니다."

그러다 보니 귀화하거나 사신으로 온 여진인들이 술을 마시고 소동을 피우는 일이 빈번하게 일어났다. 세조 2년1456에 임금이 경회루에 나아가 춘향제春享祭를 마친 후 종친 등과 함께 음복연을 베풀었다. 이때 왜인과 야인 70여 명을 인견하여 술을 내려 주고 물건을 하사했다. 이 자리에서 야인 한 명이 술에 취하여 임금 앞에서 무례하게 큰 소리로 부르짖는 소동이 일어났다. 임금은 호위 군사에게 명하여 그를 끌어내게 하였다. 이튿날 끌어냈던 자가 와서 사죄하자 임금이 음식과 옷을 내려 주었다.

세조 6년1460에는 여진족 사신 징내㽎乃 등이 절을 올리고 하직하자 임금이 환관을 시켜 후하게 술을 대접하고 상을 주었다. 술에 취한 징내가 여진족 사신을 대접하는 일을 맡은 감호관청監護官廳에 들어가 불평하였다.

"아인첩목아阿仁帖木兒는 나의 종인데도 비단옷을 내려 주고 높은 벼슬을 주었다. 나에게는 비단옷도 주지 않고 낮은 벼슬을 주었다. 모두 너희들이 아뢰어서 그렇게 된 것이다."

징내는 감호관監護官들을 주먹으로 때리려고도 하였다. 통사通事 운길雲吉이 꾸짖어 억지로 만류하고 방으로 돌려보냈다. 잠시 있다가 술이 깬 징내가 부끄러워하고 뉘우치면서 머리를 조아렸다. 임금은 취중에 한 짓이라고 하면서 내버려 두고 더 이상 문제 삼지 않도록 했다.

그 후에도 여진인들의 술주정은 줄어들지 않았다. 오히려 살인까지 하려 한 자도 나타났다. 세조 13년1467 1월 귀화한 여진인 낭장가로浪將家老가 여진족 출신인 겸사복兼司僕 마흥귀馬興貴의 사위 송효근宋孝根을 만났다. 둘은 오래된 원한 관계가 있어 낭장가로가 칼을 뽑아 송효근을 치려고 하였다. 마침 다른 사람이 감싸서 막아 주어 송효근은 화를 면했다. 마흥귀가 조정에 아뢰었고, 임금이 도총관都摠管 홍윤성에게 명하여 낭장가로를 국문하게 하였다.

"신이 술에 취하여 한 짓입니다."

낭장가로가 술 때문이라고 자백하자 임금은 취중의 일이라면서 용서하여 주었다.

여진인들의 취중 실수가 되풀이되면서 임금이 직접 타이르는 일도 있었다. 세조 13년 5월 임금이 조회에 참석한 귀화 여진인들을 불러다가 당부하였던 것이다.

"너희들은 항상 술주정을 하고 서로 화합하지 못하고 있다. 그러나 귀화한 사람이어서 특별히 묻지는 않는다. 이제부터 다시는 그렇게 하지 말라."

여진인만이 아니라 조선에 오는 일본인들도 술을 많이 마시고 술주정을 했던 모양이다. 대마도의 도주島主가 일본인들의 음주를 단속하는 금제를 마련할 정도였으니 말이다. 단종 때 대마도의 도주 종성직宗盛職의 사신 후루가와侯樓加臥가 종성직의 금제를 써서 조선의 예조에 바쳤는데, 내용은 다음과 같았다.

"술주정을 하지 말 것, 억지로 물건을 사게 하지 말 것, 여러 역과 고을에서 좋은 말을 요구하지 말 것, 대접하는 음식을 잘 살필 것, 칼을 차지 말 것, 사람을 때리지 말 것, 한양에 이르면 남에게 무례한 일을 하지 말 것, 내 명령 밖의 일은 아뢰지 말 것."

금제의 제1조가 술주정 금지였다. 일본인들의 술주정이 얼마나 심했는가를 가히 짐작할 만하다.

벌주를
받아라

태조가 태종에게 벌주를 내리다 🍷

　예전에는 뭔가를 잘못하면 술을 주고 억지로 마시게 하는 벌주 풍습이 널리 행해졌지만, 지금은 거의 사라진 상태다. 다만 직장인들 사이에는 아직도 약간 남아 있는 것 같다. 대기업인 삼성그룹에서 벌주를 원샷, 사발주 등과 함께 3대 음주 악습으로 보고 회사 차원에서 금하는 캠페인을 벌인다는 보도가 있었다.
　조선 시대에는 특히 전기에 벌주 풍습이 유행하였다. 왕실에서도 마찬가지로 행하여졌다. 그중의 한 가지로 태조가 아들인 태종에게 벌주를 내린 사례를 들 수 있다.

태종은 여러 차례 전위傳位 파동을 일으켰는데, 동왕 6년1406에도 그런 일이 있었다. 그해 8월 재이災異가 자주 나타난다는 이유로 태종이 전위하겠다는 뜻을 밝히고 덕수궁으로 나아가 기거한 적이 있었다. 신하들이 일제히 나서서 전위가 불가하다고 아뢰었고, 태상왕인 태조도 태종을 불러 책망했다.

"나라를 전하는 것은 국가의 대사인데, 왕이 나에게 고하지 않음이 옳은가? 더구나 왕은 수염과 머리카락이 벌써 희어졌나? 학문이 아직 통하지 못하였나? 사리를 알지 못하는가? 갑자기 물러나 편안히 쉬려고 함은 또한 무슨 뜻인가? 내가 백세를 맞은 뒤에는 자의대로 행하도록 두겠지만, 아직 죽기 전에는 다시는 이 말을 듣고 싶지 않다."

태조는 말을 하고 나서 큰 잔에 술을 부어 태종에게 벌주를 주려고 하였다. 태종이 아뢰었다.

"신이 혼자 들어와 곁에 모시고 있습니다. 부왕의 말씀을 누가 알 수 있겠습니까?"

태상왕이 옳다며 즉시 지신사 황희를 불러 앞에 한 말을 전부 다시 하였다. 그러고서 황희에게 말하였다.

"그대는 큰 잔으로 그대의 주상에게 술을 부어 주어라."

태종이 자리를 피하여 부복하고 황희가 먼저 태조에게 드리게 하였다. 태조가 말하였다.

"비록 너의 벌주 잔이지만, 내가 먼저 마시겠다."

태조에 이어 벌주를 연달아 받아 마신 태종은 그날 몹시 취하였다고 한다.

스스로 벌주를 마시려고 한 세조

세조 때에 오위五衛 체제가 완비됨에 따라 운용에 관한 군령 계통을 규정하기 위하여 동왕 5년1459 10월에 병서인《병정兵政》을 편찬하였다. 1년 후에 왕세자가 이 책을 보고 잘못 인쇄된 부분을 발견하여 임금에게 아뢰었다.

"《병정》에 '숭인문崇仁門'이란 말이 있는데, 한양에는 이런 문이 없습니다. 아마 잘못 인쇄한 듯합니다."

"어찌 잘못 인쇄하였겠느냐? 네가 잘 살피지 못한 것이다."

임금이 이조 판서 구치관, 병조 참판 김질, 도승지 성임成任 등을 불러 사대문의 이름을 물었다. 과연 '흥인문興仁門'을 잘못 인쇄하여 '숭인문崇仁門'이라고 한 사실을 알게 되었다. 임금이 크게 기뻐하며 말하였다.

"내가 먼저 벌주를 마셔야 하겠다. 경들도 잘못 인쇄된 글자를 찾아내지 못하였는데, 세자가 이를 밝혔다. 어찌 책임을 피하겠느냐?"

임금은 구치관의 갓을 벗기고 벌주 두어 잔을 먹였다. 그다음 이조 참판 이극감을 불러 갓을 벗기고 벌주를 주며 말하였다.

"이극감은 세자의 스승인데도 문 이름을 잘못 가르쳐서 벌을 주는 것이다."

이어서 같은 이유로 좌승지 김종순金從舜, 좌부승지 유자환柳子煥, 동부승지 홍응도 역시 갓을 벗기고 벌주를 마시게 하였다. 책을 잘못 인쇄한 벌로 임금이 먼저 벌주를 마셨고, 그 일에 책임이 있는 이조 판서와 세자의 스승, 승지들이 임금으로부터 벌주를 받아 마셔야 했던 것이다.

벌주를 마시다가 침을 뱉다

조선 시대에는 나라에 행사가 있으면 임금이 신하들을 모아 함께 활쏘기를 하는 대사례大射禮라는 의식이 있었다. 대사례는 성균관의 문묘에 제사를 지낸 뒤 명륜당明倫堂에서 과거를 치르고 행하는 것이 보통이었다. 대사례에는 3품 이상의 문무 관원이 참가했다. 과녁을 맞힌 자는 동쪽 계단에 서서 서쪽을 향하고, 맞히지 못한 자는 서쪽 계단에 서서 동쪽을 바라보도록 하였다. 맞힌 자에게는 베를 상으로 주고, 맞히지 못한 자에게는 벌주를 내렸다. 맞힌 자들은 상으로 받은 베를 어깨 위에 걸치고, 못 맞힌 자들은 서서 벌주를 마신 다음 임금에게 절을 하였다.

엄숙해야 할 대사례에서 벌주를 받아 마시다 침을 뱉은 신하가 있었다. 연산군 8년1502 3월 초하룻날 대사례를 하여 과녁을 맞히지 못한 신하들에게 벌주를 마시게 하였다. 그때 동지성균관사同知成均館事 최응현崔應賢이 침을 뱉었다고 한다. 임금이 노하여 그를 국문하도록 명했다. 국문을 마친 사헌부는 최응현이 불공不恭의 죄를 저질렀다며 직첩을 빼앗고 곤장 80대를 때려야 한다고 건의하였다. 임금은 곤장 대신 속만 받도록 하는 관대한 처분을 내렸다.

벌주를 마셨던 최응현은 단종 때 문과에 급제하여 여러 요직을 역임한 문신이다. 세조 즉위에 공을 세워 원종공신에 올랐다. 성종 때 대사헌, 경주 부윤, 한성부 좌윤을 거쳤고, 연산군 때 대사헌, 강원도 관찰사, 병조 참판 등을 지냈다.

술을 즐긴 세조는 위로는 정승부터 아래로는 하급 관리에게까지 벌주를 자주 내려 신하들을 곤혹스럽게 했다. 세조 5년1459 6월 23일 임금은 경복궁의 사정전에 나아가서 상참을 받고 정사를 본 후 술자리를 가졌다. 임영대군 이구, 좌의정 강맹경, 우의정 신숙주, 우찬성 권남 등의 종친과 대신, 승지들이 참석하였다. 임금이 좌의정 강맹경에게 술을 올리게 하고 말하였다.

"장맛비가 너무 많이 내려 화기和氣를 손상한 일이 있을까 염려되기에 3품 이상의 관원이 각기 할 말을 진술하도록 하였다. 그러나 두 정승은 진술하지도 않았다. 도리어 덕과 지위가 부합되지 않아 음양을 조화롭게 하지 못하였다고 하면서 사직하려고 한다. 나라가 재앙을 당하였는데도 물러나 돌아보지 않는다면, 이것이 어찌 재상의 일이겠는가? 옛날 사람도 말하기를 '엎어져도 일으키지 못한다면 그 따위 재상을 어디에다 쓰겠는가?'라고 하였다. 경이 말한 것은 매우 이치에 맞지 않다."

임금은 강맹경을 책망하고 벌주를 마시게 했다.

세조 9년1463 9월에는 예조 판서에게도 벌주를 내린 적이 있었다. 당시 상원사上院寺의 승려가 청원을 하였다.

"소승이 관음보살이 현신하신 곳에 불전佛殿을 지었는데, 주된 불상이 없습니다. 경상도의 공물을 대납하고, 그 돈으로 불상을 만들어 안치하게 해주십시오."

예조에서 임금에게 아뢰었다.

"불전은 있는데 불상이 없을 수가 없습니다. 공물을 대납할 수 있도록 호조에서 조치하게 하십시오."

임금이 길창부원군吉昌府院君 권남에게 물었다.

"상원사는 국가에서 창건한 절이 아니라 효령대군의 원찰願刹이다. 예조에서 아뢰는 것은 큰 잘못이다. 내가 예조 판서 박원형을 벌주려고 하는데, 어떠하겠는가?"

권남이 옳다고 대답하였다. 임금은 즉시 박원형에게 명하여 벌주를 마시게 하였다. 일을 잘못 처리했다 하여 호조 판서에게 벌주를 내렸던 것이다.

벌주는 백관을 규찰하고 풍속을 바로잡는 임무를 맡았던 간관도 피해 가지 않았다. 세조 11년 1465 9월 말에 임금이 경복궁 사정전에 나아가 참상관參上官 이상의 관원들이 모두 참석한 가운데 상참을 받았다. 임금이 사간원 지사간知司諫 조안정趙安貞을 불러 말하였다.

"근래에 승려들이 예전의 사전寺田이라고 속여 백성의 밭을 강탈하는 경우가 매우 많다. 너희 간관들이 사실을 전혀 몰라 진언하는 자가 없다. 이것은 간관의 죄이다."

임금이 벌주를 마시게 하여 종친과 재상들이 차례로 간관에게 술을 돌렸다고 한다.

한편 성종 때는 격구擊毬를 못한 판서에게 벌주를 주기도 했다. 성종 23년 1492 5월 어느 날 임금이 모화관慕華館에 거동하여 문신으로서 무관 벼슬인 선전관宣傳官을 겸하고 있는 관리들에게 말을 타고 하는 활쏘기를 시험하였고, 무신들은 격구를 하게 하였다. 이때 임금이 특명을 내려 형조 판서 이계동에게 격구를 하게 하였는데, 삼 회에서 공이 멈추었다.

"이 판서는 본래 격구를 잘했는데, 오래도록 하지 않고 연습도

하지 않아 그렇다. 벌주를 주라."
그날의 벌주는 임금이 신하에게 주는 애정 어린 벌주였다.

공신이 벌주를 받다

세조가 총애하던 공신인 신숙주도 임금의 벌주를 마신 적이 있었다. 세조 13년1467 7월 11일 임금이 사정전에 나아가서 봉원군蓬原君 정창손, 고령군高靈君 신숙주, 능성군綾城君 구치관, 영의정 심회沈澮, 좌의정 최항崔恒, 우의정 홍윤성, 우참찬 김국광金國光과 여러 장수와 승지 등을 불러 술자리를 베풀었다. 임금이 술에 취하였는데, 마침 사간원 정언 김지金漬가 우참찬 김국광에 대해 간언하였다. 김국광이 일찍이 병조 판서로 있으면서 뇌물을 받고 관직을 제수하였으며, 공물을 대납하여 이익을 꾀한 것이 많아 여론이 들썩인다면서 그를 국문해야 한다는 내용이었다. 임금이 노하여 말하였다.

"이와 같은 군무軍務에 김지가 근거 없는 말로 김국광을 동요시키는가? 네가 말한 김국광의 죄는 무엇인가? 숨기지 말고 낱낱이 말하라."

김지가 김국광의 비위에 대하여 다시 자세히 아뢰었다. 임금이 물었다.

"뇌물을 받았고 대납한 것은 모두 조사하였으나 증거가 없었다. …… 이 말이 어떤 사람에게서 나왔는가?"

김지가 사간원에서 함께 의논하였다고 대답하였다. 임금은 도승지 윤필상尹弼商에게 명하여 김지의 모자를 벗겨서 끌어내고 사간원의 관리 등을 의금부에 하옥시켰다. 신숙주가 아뢰었다.

"김지 등이 근거 없는 말로 대신의 죄를 청하여 진실로 죄가 있습니다. 그러나 김국광이 저지른 죄도 국문할 만합니다."

"옳지 않다. 신숙주도 벌을 줄 만하다."

임금은 신숙주의 관을 벗기고 벌주를 돌리게 하였다. 노 대신이 젊은 관원을 비호했다가 벌주를 받는 수모를 당한 것이다. 아마도 세조가 술이 과해서 무리한 책망을 하지 않았나 생각된다.

김국광도 세조에게 벌주를 받은 적이 있었다. 일찍이《경국대전》을 편찬할 당시 세조가 "계문啓聞하여 판결한 것은 곧 내가 친히 결단하여 여러 신하들도 모두 알고 있는 것이다. 이런 것은《경국대전》에 기록하지 말라."고 명하였다. 계문이란 임금에게 글로 아뢰는 것을 말한다. 나중에 김국광이 이것을《경국대전》에 기록하였다가 관을 벗고 벌주를 마신 적이 있었다. 세조의 벌주는 그야말로 지위 고하를 불문하고 행하여졌던 것이다.

벌주를 거부한 사림파

조광조趙光祖와 함께 대표적인 사림파士林派 관료인 김식金湜은 벌주를 무척 싫어했던 것 같다. 그는 일찍이 소과에 합격하여 생원이 되었으나, 학문에 몰두하였다. 중종 때 경서에 밝고 행실이 바른 경명행수經明行修로 천거를 받아 광흥창廣興倉 주부에 제수되어 벼슬 생활을 시작하였다.

당시 새로 제수된 육조의 정랑과 좌랑을 조사曹司라 했다. 육조의 자질구레한 일들을 모두 조사에게 맡기고 조금이라도 잘못하면 술을 큰 잔으로 두세 잔을 마시게 하는 벌을 주었다. 옷이 흠뻑 젖어도 사양할 수가 없었고, 기어이 사양하면 배척하여 동렬에 끼어 주지 않았다. 특히 육조의 조사 좌랑은 예전부터 벌주를 많이 마시고 숙직이 많아서 꺼리는 사람들도 있었다. 이러한 풍습은 유래가 오래되어 고풍古風이라 하였다.

  중종 12년1517 6월 형조 좌랑에 제수된 김식이 벌주를 마시지 않는다는 이유로 동료들에게서 따돌림을 당한 일이 있었다. 상관인 형조의 정랑들도 김식이 고분고분하지 않고 벌주를 마시지도 않아 고풍을 행하지 않는다고 책망하였다. 급기야는 김식을 다른 관서로 보내 달라고 주청하여 결국 호조 좌랑으로 옮겨 가게 하였다. 옳지 않은 관행을 따르지 않는 강직한 성품 때문에 김식은 동료와 상관들로부터 부당한 대우를 받았던 것이다. 그는 벼슬살이보다는 시골에서의 처사 생활이 훨씬 더 어울리는 사람이었다.

술을 멀리한 재상

술과 풍악을 싫어한 관료

주로 술을 좋아한 주당들에 대해 알아보았지만, 사실 술을 싫어하고 멀리한 사람들도 많았다. 그런 사람들 중 한 명인 조운흘趙云仡은 세상일에 아무 욕심 없이 초연하게 살다 간 사람이다. 고려 말에 전법총랑典法摠郎으로 있다가 관직을 버리고 물러나 경상도 상주의 노음산露陰山 아래에 살았다. 그는 일부러 미친 척하기도 하였고, 출입할 때는 반드시 소를 타고 다녔다. 조선이 건국된 후 태조가 강릉 대도호부사大都護府使를 제수하였는데, 은혜와 사랑으로 백성을 다스려 백성들이 생사당生祠堂을 세워 주었다. 그 후 물러가 경기도 광주의 별장에 거처하다가 태종 4년1404에 타계하였다.

조운흘은 정승 조준趙浚과 교유가 있었다. 어느 날 손님을 전송하는 일로 한강을 건넜던 조준이 동료 재상과 함께 기생, 악공을 거느리고 술과 안주를 들고 그를 찾았다. 그는 승려가 입는 회색 옷에 삿갓을 쓰고 지팡이를 짚으며 문까지 나와 맞이하였다. 그들은 모정茅亭이란 정자에 앉았다. 조준이 풍악을 잡히고 술자리를 마련하였다. 그는 짐짓 귀가 먹어 듣지 못하는 척하고, 눈을 감고 정좌하여 높은 소리로 나무아미타불을 두 번 외쳤다. 그가 마치 옆에 아무도 없는 것처럼 행동하자 조준이 사과하였다.

"선생이 이를 싫어하는군요."

조준은 풍악을 중지시키고 차를 마시고 돌아갔다. 조운흘이 술과 풍악을 멀리하고 세속을 희롱하며 고고하기가 이와 같았다. 병이 든 그는 스스로 묘지墓誌를 짓고 아무 거리낌 없이 앉은 채로 세상을 떠났다.

음주를 좋아하지 않은 판서

최부崔府는 사람됨이 편안하고 조용하며 맑아서 음주와 장기, 바둑을 좋아하지 않았다. 태종이 일찍이 세종에게 말하였다.

"최부는 부지런하고 조심성 있으며, 청렴하고 곧은 유학자여서 임용할 만하다."

세종이 발탁하여 공조 판서에까지 올랐다.

최부는 만년에 몸소 병을 다스리고 종일 홀로 앉아 시가詩歌를 읊는 것으로 일을 삼았다. 단종 즉위년1452 6월 병이 위중해져 집안 사람이 의원을 데려왔지만 그가 물리치며 말하였다.

"죽고 사는 것은 운명에 있다. 약이 무슨 소용이 있느냐? 내가 나이 80이 넘고 벼슬이 2품에 이르렀다. 다시 무엇을 바라겠느냐?"

최부는 목욕하고 관대를 정제하여 자리를 고친 뒤에 83세로 서거하였다.

술을 멀리한 판서를 더 소개한다면, 우선 예문관 대제학으로 있던 단종 1년1453에 66세를 일기로 타계한 윤형을 들 수 있다. 그는 고려 시중侍中 윤관尹瓘의 후손으로, 과거에 급제하여 승정원 승지, 충청도 관찰사, 예조 참판, 사헌부 대사헌, 공조 판서, 우참찬 등을 역임하였다. 성질이 온순하고 인정이 많았으며, 음악과 여색을 즐기지 않았고, 평생 아름다운 여인이나 첩을 두지 않았다. 지조를 굳게 지켰고 아첨하지도 않았다. 특히 술 마시는 것을 경계하여 다음과 같이 말했다.

"이름을 더럽히고 일을 망치는 것으로 술보다 심한 것이 없다."

세조 때 의정부 좌참찬을 지낸 박중손朴仲孫은 스스로 계주명戒酒銘을 지어 자신을 경계하였다. 그는 다른 사람을 접대하고 일을 처리할 적에 겸손하고 공손하였다. 청렴하고 근신하였으며, 성질이 간소하고 고요함을 좋아했다. 일찍이 상주가 되어 무덤 가까이 지은 초막에 있으면서 고금의 사치와 검소의 득실을 논하여 아들을 경계하였다.

박중손은 과거 급제 후 집현전 박사를 시작으로 사헌부 지평, 승정원 동부승지와 도승지로 발탁되었다. 세조의 계유정난에 참여하여 정난공신에 오르고 병조 참판, 대사헌이 되었다. 그 후 공조, 이조, 형조, 예조 4조의 판서를 역임한 재상이었다.

백성을 위하여 술을 먹지 않은 수령

세조 6년1460에 중추원사中樞院使로 있다가 죽은 기건奇虔은 성품이 맑고 검소하고 곧았다. 작은 행실도 반드시 조심하였으며, 글 읽기를 좋아하였다. 세종 때 학문과 덕행으로 이름이 높아 벼슬 없는 선비인 포의布衣로서 발탁되었다.

기건은 특히 지방의 수령으로 근무하면서 백성들의 고통을 보고 술을 마시지 않을 정도로 모범적인 청백리였다. 황해도 연안 군수로 있던 그는 진상할 붕어를 잡기 위하여 백성들이 너무나 애쓰는 모습을 보고 그곳에서 근무하던 3년 동안 붕어를 먹지 않고 술도 마시지 않았다. 벼슬이 갈리어 돌아오며 고을의 노인들이 전송하자 비로소 종일토록 술을 마셨는데도 취하지 않았다. 노인들이 "이제야 사또가 우리 백성을 위하여 술을 마시지 않은 것을 알겠다."고 탄식하였다고 한다.

제주 안무사按撫使로 나갔을 때는 백성들이 전복 바치는 것을 괴롭게 여겨 역시 3년 동안 전복을 먹지 않았다. 당시 제주에서는 부모가 죽으면 구덩이나 언덕에 버리는 풍속이 있었는데, 백성들을 교화시켜 예절을 갖추어 장사지내도록 하기도 했다.

사헌부 집의, 형조 참의, 이조 참의를 역임하고 전라도 관찰사 겸 전주 부윤으로 부임하여 선정을 베풀었다. 호조 참판으로 승진하였다가 개성 유수가 되었다. 단종이 즉위하면서 대사헌이 되어 권력을 전횡하던 황보인과 김종서 등의 신하들을 탄핵하였다. 그 뒤 평안도 관찰사를 역임하고 판중추원사判中樞院事에 이르렀다. 여러 도의 관찰사를 역임하면서 이르는 곳마다 선정을 베풀어 명성이 높았다. 수양대군이 단종을 몰아내고 왕위에 오르자 관직을 버리고 두문불출하였다. 세조가 다섯 번이나 찾았지만, 눈 뜬 장님이라 핑계 대며 끝내 절개를 버리지 않았다.

기건은 사후 정무貞武라는 시호를 하사받았다. 청렴하고 결백하여 절개를 지키는 것이 정貞이요, 백성에게 모범되게 하여 복종시키는 것이 무武이다. 지방관으로서 기건의 업적을 잘 보여 주는 시호라고 하겠다.

아, 술의 화는 빠지기는 쉬워도 구제하기는 어렵다. 나라를 망치고 몸을 망치는 것이 항상 이 때문이다. 예로부터 술을 경계하여 금한 사람은 보존하였고, 술에 빠진 사람은 멸망하였다. …… 지금 술을 마시는 자는 반드시 난잡한 지경에 이르러 사무를 폐지하고 위의를 잃는다. 그것이 덕의德義를 그르치는데도 함부로 마시면서 그치지 않아 마침내 몸을 망친다. 자기 몸도 스스로 아끼지 않는데 덕행과 예절을 돌볼 여지가 있겠는가?

-중종

순후한 성품의 사람을 광포한 사람이 되게 하는 것은 술이 아니고 무엇이겠는가? 마음은 본래 착한데, 공격하는 것이 많도다. 더구나 술이 또 뒤따라 해롭게 하는구나. 사람이 싫어하는 바는 악보다 심한 것이 없고, 사람이 두려워하는 바는 적보다 심한 것이 없다. 스스로 적을 불러들이고 스스로 악을 만들어 내니, 어찌 애석하지 않겠는가?

-영조

조선 왕들, 금주령을 내리다

초판 1쇄 인쇄 2014년 5월 2일
초판 1쇄 발행 2014년 5월 9일

지은이 정구선

펴낸이 박세현
펴낸곳 팬덤북스

기획위원 김정대·김종선·김옥림
편집 김종훈·이선희
디자인 강진영
영업 전창열

주소 (우)121-250 서울시 마포구 성산동 275-60번지 교홍빌딩 305호
전화 070-8821-4312 | **팩스** 02-6008-4318
이메일 fandombooks@naver.com
블로그 http://blog.naver.com/fandombooks

등록번호 제25100-2010-154호
ISBN 978-89-94792-84-2 13910